高校图书馆管理与创新研究

李　静◎著

中国原子能出版社

图书在版编目(CIP)数据

高校图书馆管理与创新研究 / 李静著. -- 北京 : 中国原子能出版社, 2023.6

ISBN 978-7-5221-2753-8

Ⅰ. ①高… Ⅱ. ①李… Ⅲ. ①院校图书馆－图书馆管理－研究 Ⅳ. ①G258.6

中国国家版本馆CIP数据核字(2023)第101174号

高校图书馆管理与创新研究

出版发行 中国原子能出版社（北京市海淀区阜成路 43 号 100048）

责任编辑 杨晓宇

责任印制 赵 明

印　　刷 北京天恒嘉业印刷有限公司

经　　销 全国新华书店

开　　本 787 mm×1092 mm 1/16

印　　张 12

字　　数 202 千字

版　　次 2023 年 6 月第 1 版 2023 年 6 月第 1 次印刷

书　　号 ISBN 978-7-5221-2753-8 **定　价** 72.00 元

作者简介

李静，女，1973 年生，馆员，毕业于北京师范大学网络教育学院，目前就职于内蒙古师范大学青年政治学院图书馆。先后在《新教育时代》《教育现代化》《科研》《图书情报》《图书馆学刊》发表论文十余篇，曾获石家庄市“双师”型骨干教师荣誉称号，多次获得“学创杯”全国大学生创新创业比赛优秀指导教师称号及河北省优秀指导教师；指导学生获得第二届全国大学生直播电商全国总决赛一等奖、河北省职业院校学生直播电商技能大赛一等奖。

前 言

高校图书馆管理创新，内容丰富、意义重大。管理创新不仅体现在高校图书馆战略的创新，还体现在高校图书馆组织机制的创新、文化的创新。高校图书馆管理内容创新是解决当前高校图书馆管理现存主要问题、更好适应信息网络技术时代条件、为高校教学科研管理提供优质高效服务的历史必然。高校图书馆作为高校重要组成部分，作为高校师生文献信息资源的重要来源，在现有的文献拥有数量、收藏质量、文献载体类型多样性等方面在国内所有图书馆中都走在了前列。高校图书馆在管理工作思想上，已经实现了传统条件下的封闭、半封闭向完全开放的转变，实现了从“重藏轻用”向“藏用并举”的转变；馆藏资源由传统条件下实体馆藏向现状的虚拟馆藏与实体馆藏并存转变；工作对象已经实现了由传统条件下的单一媒体向多媒体的转变。伴随着互联网技术的发展和信息技术的发展，读者的需求呈现出多样化，对文献资料等信息资源的需求从宽度和深度上都发生了质的变化。高校图书馆提供的更深层次的信息服务，是根据信息分析和重组形成符合用户需求的知识，“以用户为中心”的思想已经得到大多数图书馆的认同。

本书第一章为高校图书馆管理概述，主要从高校图书馆管理的内涵及特点、高校图书馆管理主要原理、高校图书馆创新管理概述等方面出发。本书第二章讲述了高校图书馆管理创新的理论基础，主要从高校图书馆管理创新的必要性，高校图书馆管理创新的目的、实质与特征，高校图书馆管理创新的方向与措施等方面出发进行论述。本书第三章为高校图书馆人力与知识管理创新，对于高校图书馆人力管理创新、高校图书馆知识管理创新进行了一定的分析。本书第四章为高校图书馆服务管理创新，主要从高校图书馆信息化服务的创新与发展、高校图书馆社会化服务的创新与发展、高校图书馆阅读推广服务的创新与发展这三方面展开。本书第五章是高校图书馆管理系统创新，从高校图书馆管理系统创新的概述、高校图书馆管理信息系统的创新、高校图书馆数据库系统管理创新几方面展开了论述。本书第六章为高校图书馆管理模式的创新，主要介绍了高校图书馆创新管理模式的思考、信息时代高校图书馆管理模式的创新两方面内容。

在撰写本书的过程中，笔者得到了许多专家学者的帮助和指导，参考了大量的学术文献，在此表达真诚的感谢。本书内容系统全面，论述条理清晰、深入浅出，但由于笔者水平有限，书中难免会有疏漏之处，希望广大同行批评指正。

目录

第一章　高校图书馆管理概述

我国高校图书馆事业经过几十年的艰辛努力，在图书馆管理方面有了很大的进步。本章为高校图书馆管理概述，介绍了高校图书馆管理的内涵及特点、高校图书馆管理主要原理、高校图书馆创新管理概述几个方面。

第一节　高校图书馆管理的内涵及特点

一、高校图书馆管理的内涵

（一）高校图书馆管理的定义

高校图书馆管理，作为一项社会实践，可以说，它的历史同高校图书馆一样悠久，是与高校图书馆同时产生、同步发展的。

纵观高校图书馆管理的发展，大体上经历了两个阶段：传统的经验管理和现代的科学管理。传统的经验管理是多年来高校图书馆管理一直推行的管理方式，它以直觉和经验为其基本特征，管理思想保守、管理手段陈旧、管理方法落后。这种管理已越来越不能适应今天高校图书馆日益发展的客观需要。因此，从传统的经验管理，转变为现代的科学管理势在必行。现代的科学管理指的是将高校图书馆作为一个系统，运用现代科学的原则、理论和方法所进行的管理。这种管理充分地吸收了管理学、心理学、统计学、教育学、经济学和社会学等众多的学科成就，吸取这些学科中先进理论与方法，将高校图书馆作为一个内部相互联系、内外相互作用的开放系统来加以考察、研究和管理，从而获得高校图书馆管理的最佳效果。

随着现代信息技术加速迭代，人们越来越习惯于无处不在的智慧化生活，高校图书馆必须适应这一变化，及时调整管理观念，最大限度发挥高校图书馆的价值。所谓高校图书馆管理，就是在遵循高校图书馆工作的客观规律的基础上，运用现代科学的理论和方法，通过决策、计划、组织和控制等手段，合理配置图书馆的人力、物力、财力等资源，从而实现科学有效地为学校的教学和科研服务的全部活动及其全过程。衡量一个图书馆是否是现代图书馆的重要标志之一就是该图书馆是否运用现代科学的管理理论和管理方法。相比于传统高校图书馆，现代高校图书馆最显著的特征就是现代科学的管理理论和方法的应用。遵循高校图书馆工作的客观规律，这是由高校图书馆管理的特殊性所决定的。高校图书馆具有区别于其他类型图书馆的固有规律，因此，要对高校图书馆实行科学管理，就不能不遵循这些规律。无视这些规律，不但无科学性而言，而且必将受到惩罚。决策、计划、组织和控制是图书馆管理的基本手段，一切管理活动都离不开这些基本手段。管理是具有其目的性的，合理地组织和最大限度地发挥全馆人、财、物等各种资源的作用是管理的最直接目的，而管理的最终目的则是卓有成效地为学校的教学和科研服务。

高校图书馆是学校的文献馆机构，是大学学习的一个重要资源，同时也是大学地位和实力的象征。任何一个大学的生存和发展都离不开三种资源：师资、实验设备、图书馆。许多国家对高校图书馆寄予很高的重视，称之为皇冠上的明珠、大学的心脏、太上研究院等。自从人类进入了21世纪，科学技术的发展以人们难以想象的速度在前进着，这也为承载着传播科学智能的高校图书馆带来了严峻的挑战和新的发展机遇。制约高校图书馆发展的因素是多种多样的，其中管理水平的高低直接影响到图书馆作用的发挥，可以说有什么样的管理就会有什么样的图书馆。良好的管理不仅能够把组成图书馆的基本要素有机地组织起来，构成一个目标一致的整体，高质量、高效率地实现既定目标，而且可以在不需增加投资、人力、物力的条件下，充分地挖掘图书馆现有各种资源的潜力，最大限度地发挥其作用，达到与增加投资，增加人力和物力相同甚至更好的管理效果。因此，加强管理，改善管理既是客观要求，也是当务之急。

关于图书馆管理的定义，学术界至今尚未形成统一的意见，不同的专家学者从不同的角度分析了图书馆管理的内涵，下面我们列举一些具有代表性的定义。

郭星寿认为，所谓图书馆管理，就是遵循图书馆工作的规律，依据管理工作的内容与程序，在图书馆系统最优化的条件下，充分利用其资源，以有效地实现其社会职能的一系列有组织的活动[①]。

有的学者认为图书馆科学管理就是按照图书馆事业的固有规律，将现代科学的管理理论和方法应用到图书馆工作中，根据图书馆的发展规划合理地配置人力、物力、财力等各种资源，最大限度地发挥资源的作用，以便达到预定目标的决策过程。有的学者认为图书馆科学管理由计划、组织、指挥、协调和控制等环节构成，遵循图书馆事业的发展规律，科学合理地使用图书馆人力、技术、资本等资源，使之发挥最大的作用，图书馆科学管理的最终目的是完成图书馆任务。还有的学者认为图书馆管理是指图书馆为了满足社会读者的需求，采取一系列措施，如构建完善的决策机制、建立合理的组织结构、协调图书馆与其他机构的关系等，合理分配图书馆系统中的人力、物力、财力等资源，充分发挥资源的优势，提高图书馆的效率，完成图书馆任务的动态过程。

有的学者认为图书馆管理是图书馆通过设立专门的管理机构和配置专业的管理人员，根据图书馆的实际，合理使用图书馆资源，进而达到预期目标的过程。

有学者认为图书馆管理是满足读者知识需求的一种活动，遵循图书馆工作的客观规律是图书馆管理的前提和基础，为了达到预期目标，图书馆管理者需要采取多种手段，包括计划、组织、协调等，图书馆管理的落实有赖于图书馆资源的合理配置和使用。

有学者认为图书馆管理是达到图书馆预期目标的活动过程，图书馆的主管者在图书馆管理中处于核心地位，主管者具有决定图书馆发展方向、组织图书馆活动、对图书馆内重大事务享有决策权、协调工作人员等职能。现代图书馆管理的定义为将现代管理理论作为图书馆活动的指导思想，在各种活动中灵活使用现代管理理论，提升现代图书馆管理水平的整个过程。

虽然上述几种定义表述方式不同，但从本质上来说，这些定义的差别并不大。它们都承认图书馆管理是一种活动或过程，都认为图书馆工作有着自己特定的客

① 陈红．传播学视角下的高校图书馆导读体系构建［M］．长春：吉林大学出版社．

观规律，都涵盖了图书馆职能、图书馆资源等要素。我们不能说哪种定义是最正确的，因为每种定义都有自己的侧重点或视角。

在吸取上述定义之精华的基础上，我们可以给图书馆管理下一个定义：图书馆管理是指引导人力资源、财力资源、信息资源和物质资源进入动态的图书馆以达到预期目标。从读者和馆员的角度来说，图书馆管理就是图书馆馆员作为服务的提供者，根据服务对象——读者的需求提供相应的服务的活动，在这个过程中读者得到了满意的服务，馆员也获得了成就感。

这是一个关于图书馆管理的综合性定义，这个定义中指出图书馆管理包含对人力资源、财力资源、信息资源和物质资源的引导，图书馆健康发展有赖于四者的协调进步，这就要求图书馆管理者必须平衡四者之间的关系，不能过分侧重某一要素而忽略其他要素。这个定义明确指出动态性是图书馆的典型特征。这是因为图书馆的运营是处在一个永远变化的环境之中的，随着社会的进步，科学技术在变化，读者在变化，因而图书馆也要适时地进行变化。那些能够根据环境的变化而及时变化的图书馆被称为动态图书馆。

达到目标是这一定义不可分割的组成部分。目标是一个图书馆须臾不可离的要素，没有目标就没有图书馆或丧失图书馆存在的意义。

不论一个图书馆是处在一种高度竞争的环境中还是处在一种非高度竞争的环境中，其所关注的焦点都应当是读者的满意程度。因此，图书馆管理就是为了达到使读者满意的目的，而将人力资源、财力资源、信息资源和物质资源引入到动态图书馆中。

定义中的最后一个部分是关于对高度士气和成就感的阐述。而这种高度士气和成就感是因馆员提供信息服务而获得的，馆员从工作中所获得的成就感和满意程度对图书馆达到目标以及为读者提供满意的服务具有很大的影响。

（二）高校图书馆管理的范畴

范畴是反映事物本质和普遍联系的基本概念，是人的思维对客观事物的普遍本质的概括和反映。每门学科都应有自身特有的一系列范畴。

范畴对于学科的发展具有重要意义：

（1）一门学科有没有自身的范畴是它能否存在的重要条件。若没有范畴，它既不可能被人们所认识，也不可能被社会所承认。

（2）范畴的不断丰富，就意味着该学科的不断发展。丰富范畴的途径一是改造原有的范畴，即丰富其内涵或深化其内容；二是提出或形成新的范畴。

（3）范畴对于学科理论建设具有特殊的意义，因为理论观点的表述要借助于范畴才有可能。

（4）范畴提供学科的入门知识，对于学习者必不可少。从范畴入手，是学习专业知识的必由之路。

（5）范畴是一种交流工具，借助于范畴进行交流有助于学科的发展。

高校图书馆管理的范畴是高校图书馆管理活动中各种要素、关系的普遍联系和全面发展的不同侧面的反映。图书馆系统内部充满着各种矛盾，高校图书馆管理范畴就是从不同角度反映图书馆系统中各种因素的既对立又统一的辩证关系，它们是高校图书馆管理的本质和运动规律的不同表现形式，也是各种管理要素和运动过程之间相互作用的交错点和“结合部”。这些范畴来源于高校图书馆管理实践，并随着高校图书馆管理实践的发展而日益成熟，反过来又指导着高校图书馆管理。

1. 主体与客体

管理主体是指具有一定管理能力，在管理活动中处于领导地位，承担相应的责任、从事现实管理活动的人，也就是通常所说的管理者。管理主体具有能动性、创造性、自主性等特征。

图书馆的管理主体由两个部分构成：一是根据图书馆的实际情况制定科学合理的发展目标，并将目标任务分解为各类管理活动，监督工作任务完成情况，最终督促完成既定目标的人，这类人通常是图书馆的核心人物，在图书馆中处于领导地位，如图书馆馆长、图书馆副馆长等。二是执行目标任务的人，包括组织和计划管理活动，协调各部门关系，控制管理活动的进展情况，这类人通常是图书馆的骨干人员，如部门主任。

现实的图书馆管理活动是一种多层次的综合活动，管理主体不再是某一个单独的人而是由许多个人按照一定形式组织起来的整体，这个整体承担着管理主体的责任，不同的管理主体具有不同的职能。管理主体系统是由处于不同职权地位、担任不同管理职能的人相互组合而成。一般来说，图书馆管理主体系统由四个子系统或者四部分构成，分别是决策系统、执行系统、监督系统和参谋系统。

管理客体是指进入管理主体活动领域的客观对象，管理客体要遵循以人为中心的准则，能够接受管理主体组织的活动，帮助管理主体协调各部门的关系。管理客体具有如下特点：客观性、可控性、系统性和对象性。

图书馆内的管理客体范围较大。首先，图书馆内的普通馆员都属于管理客体的范畴，他们执行组织分配的工作任务，按照图书馆的规章制度进行工作，目的是获得良好的工作成绩。其次，图书馆内的资源都是管理的客体，比如图书馆内收藏的纸质资源、网络资源，支撑图书馆运行的金融资源等，它们在管理的作用下经过特定的手段就会转换为良好的产出物。再次，随着社会经济的发展，图书馆需要不断吸引新客户，提升社会影响力，必然要向外扩展自己的生存空间，需要相关人、财、物或其他组织的支持和帮助，这些因素也就相应地成为本图书馆管理的客体，只是这类管理客体具有不确定性，经常会发生改变。

管理主体与管理客体是组成图书馆系统实体结构的两极，二者是相辅相成、密不可分的，图书馆系统的运动离不开管理主体与管理客体之间的相互联系和相互作用。然而这种联系和作用并不是直接发生的，而是以管理组织为媒介间接发生的。管理组织是图书馆系统的现实表现形式。管理主体与管理客体通过组织的形式相互联系，同时管理主体与管理客体还不是固定不变的，在一定的条件下，会向对立面转化，即在合适的条件下，管理主体可以转化为管理客体，管理客体也可以转换为管理主体。管理主体与管理客体在图书馆系统中的相互转换有如下表现：一种是地位的转化，图书馆职权层次的变化是引发管理主体和管理客体地位转化的先决条件；一种是角色的转化，图书馆行为的变化是引发管理主体和管理客体转化的前提；还有一种是自身的转化，这种转化的发生有赖于自主成员自我意识的变化。正确认识图书馆系统中管理主体和管理客体的转化，对于理解图书馆系统的辩证性质有着重要意义。

2. 硬件与软件

一般来说，图书馆管理活动是由两类既相互对立又相互统一的因素所组成的：这里的硬件和软件都是泛指与图书馆管理活动有关的事物、过程、方法、成果等，具有普遍的意义。

硬件与软件的划分具有相对性和模糊性，只有把两者同时放在图书馆管理活动中进行比较，才具有较为确定的意义。在图书馆系统中，如果把馆舍、文献、信息技术设备等因素看作是硬件，那么人的精神因素就是软件；在组织结构中，如果组成图书馆的个人是硬件，那么指导人的行为的价值观念、道德情操、理想信念等就是软件；在组织形式中，如果正式组织是硬件即“硬组织”，那么非正式组织就是软件即“软组织”；在管理技术中，如果把具有比较固定程式的数学分析方法和计算机技术方法称为硬件即“硬技术”，那么那些具有创造性、没有固定程式的其他管理技术就是软件即“软技术”；在图书馆管理活动中，硬件和软件相互依存，相互促进，共同作用，谁也离不开谁。图书馆系统也必须有稳定的输入和输出关系，既有一定的物质、能量和信息输入，又有一定的信息产品和信息服务输出。这些看得见、摸得着的有形事物是图书馆管理赖以存在和进行的物质基础，离开了这些硬件，软件就失去了自身依托的物质外壳，任何方法、手段、指令、程序等都无法显示其功能，图书馆管理也就根本不可能存在。另一方面，软件是硬件的灵魂。任何管理如果只有硬件而没有相应的软件，那么硬件就只能是没有活力的“死东西”。一个图书馆系统，如果只有单纯的组织结构形式，只有一些硬的规章制度，而组织成员缺乏共同的目标、愿望、动机等软件，也无法让图书馆管理正常运行。在图书馆管理活动中，硬件和软件不但相互依存，而且可以相互转化。这种转化包括了硬件的软化和软件的硬化两个方面，它们是和图书馆管理过程紧密联系在一起的。

3. 利益与责任

利益是标志人的物质和精神需要能否满足以及满足程度的范畴。人们有各种各样的需要，也就有各种各样的利益。人的需要有高低不同的层次，利益也有根本和非根本之别。

责任感一般从激发和控制这两个方面将自己的行为确定在与自己的地位和职

务相适应的范围内。激发行为是对应尽责任的鼓励，控制行为则是对超越责任的限制。

利益和责任在图书馆管理活动中是一对矛盾。首先，二者在方向上相互分离，有时甚至呈现出相互排斥的倾向。利益反映了整个图书馆、图书馆各部门、部门内各小组或馆员的需要，由外向内具有收敛性；而责任则要求整个图书馆、图书馆各部门、部门内各小组或馆员付出（劳动、努力等），是由内向外发出的影响，具有发散性。图书馆尽管是一个“清水衙门”和公益性的服务机构，但其中或多或少存在一定的利益，因此图书馆管理活动不应该掩盖责任中存在利益的问题，而应该使馆内各组织和全体馆员认识到这一点，这有利于调动他们对工作认真负责的积极性。图书馆管理者在管理实践中的两个基本任务就是：一方面，将个人的、小组的、部门的或整个图书馆的利益获得过程设计为履行各自职责的过程；另一方面，把履行职责的结果同个人、小组、部门或整个图书馆的利益结合起来。

4. 集权与分权

集权与分权描述的是管理职权在管理空间中的分布状态。集权是指组织机构中的决策权力完全集中在最高管理者手中，由最高管理者决定组织的行动方向，使决策发生在组织高层的程度。集权型组织具有如下优点：首先，决策权集中的在领导手中，有助于统一指挥；其次，政出一门，有助于提高职能部门的工作效率。同样集权型组织的缺点也是显而易见的：首先，限制了基层人员积极性的发挥；其次，管理者及时了解基层人员的心理状态，延长了信息沟通的渠道；最后，面对外部环境的变化，组织无法及时地调整情况，对环境的灵活应变性不足。从职权在管理空间中分布状态来说，集权意味着组织机构内的主要管理职权，如重大事项的决策权、中层管理人员的人事任免权、财政权等集中在高层领导，特别是最高领导层，基层只有执行高层领导分配任务以及处理日常的权力，高层领导还具有监督任务执行情况以及日常事务处理情况的权力。从职权的运动方向来说，集权意味着下级的某些权力被缩小乃至取消，并向上级组织集中，这种集权化的运动方向是由下向上逐步收敛的。

集权一般有两种途径：一是规定限制下级组织或非专门组织裁决问题范围的一般标准。即规定它们该管哪些事，不该管哪些事；哪些事可以自己做主，哪些事必须报上级批准。二是撤销下级组织或专门组织的实际决策职能来集中决策职能。这种方式在某些特殊情况下会采用。譬如，某图书馆的购书经费虽然很充足，但藏书结构多年来一直不合理，于是由馆长或一名副馆长亲自指挥采访部的工作。

分权也称权力分立，是指国家或者机构的权力不能集中在某个部门或者一部分手中，而应该根据国家或者机构的发展情况合理地分割成若干部分，以法律的形式明确不同机构和人民所掌控的权力，即组织的权力分散在组织内部。从职权运动的方向来说，它意味着下级部门自主性和独立性的加强，许多职权从上级向下级分散，这种分权化的趋势是自上而下逐步发散的。

在高校图书馆管理活动中，集权与分权是辩证统一的。首先，集权和分权各有利弊，因此必须互相补充。在高校图书馆管理过程中，关键是要把握好集权和分权的度。过度集权，什么都管，不仅上级决策的正确性不能保证，而且还会扼杀下级工作的积极性和主动性；过度分权，什么事情都撒手不管，则可能使上级对下级失去控制。其次，集权与分权在一定条件下互相转化。这种转化一般有两种形式：一种是被动的转化，即在过度集权或过度分权的管理阻碍图书馆各项业务活动发展的情况下，由过度集权向分权或由过度分权向集权转化；另一种是主动的转化，即在问题出现之前就注意调整集权和分权的关系，在动态中把握二者变化的度，及时消除偶然出现的过度集权或分权现象。

5. 权威与服从

权威是指管理过程中使人信赖和服从的力量和威望。在高校图书馆管理过程中，权威是非常必要的。没有权威就不能有效地指挥和协调图书馆各项业务分工和协作中的复杂关系，高校图书馆管理活动就会陷入混乱。恩格斯指出服从是指管理过程中尊重并执行权威意见的行为。服从并不是盲从或屈从，因为人们在管理活动中只能服从正确的意见，即服从真理，这是服从的实质。

在高校图书馆管理活动中，权威和服从的辩证关系表现为：首先，二者相互依存。权威以服从为自己存在的前提。没有服从就无所谓权威，硬建立起来的权威也形同虚设，因为这种权威是“光杆司令”。同样，服从又以权威为自己存在的前提。没有权威人们就不知道服从什么，权威如果不值得服从，失去一方信赖，就会出现不服从。滥用权威造成的不是服从，而是屈从和盲从。不服从、盲从和屈从都不属于科学的服从范畴。其次，权威和服从在一定条件下可以相互转化。权威代表被人服从的一方，但是权威只有在服从群众正确意见的时候才能被人们服从，只有在服从真理时才能获得权威。在上述两种情况下，权威都必然转化为服从。服从是权威的反面，但权威的正确意见正是来自服从一方，因为真理在群众手里；权威的行使又必须体现服从一方即群众的意志。在这两种情况下，服从一方都是权威一方的真正权威。

6. 有序与无序

有序和无序是标志组织协调程度的矛盾范畴。有序是指管理系统的各个要素之间按照一定的规则和秩序进行相互联系、相互作用的状态和运动趋势；无序是指管理系统的各个要素之间的相互联系和相互作用是无规则、无秩序的状态和运动趋势。

图书馆系统中的有序和无序标志着管理组织的协调程度。图书馆系统的各种要素并不能自发地形成具有管理功能的组织。要形成组织，就必须通过自觉的组织活动，把各种相互之间无规则、无秩序的要素（主要是人）在一个统一目标、统一行为规范和统一的结构形式中组合起来，这种组合也就是把各个要素由无序状态转变为具有一定规则和秩序的有序状态。有序是图书馆系统的一个本质特征。图书馆健康持续发展有赖于图书馆共同目标的设立，图书馆工作人员的个人目标是各不相同的，正是因为有了共同目标的指引，才能协调好图书馆馆员的无秩序目标和共同目标的关系；图书馆通过制定科学合理的规章制度，明确界定各部门和馆员的责任和权利，协调各部门和馆员之间不确定的相互作用方式；馆员的利益和追求是各不相同的，其行动准则也是有着很大差异，通过规章制度来协调馆员的无规则的行为；图书馆系统中的人际关系是复杂多变的，通过管理工作来协调馆员之间的分歧。将图书馆的各个部分都纳入规范化的管理体系之中，按照规章制度统一行动，从而使整个图书馆呈现出有规则、有秩序的状态，这即是有序性。图书馆管理就是管理者有意识地、自觉地将图书馆内无序的因素转化为有序的系统。从这个意义上来说，图书馆管理就是通过协调来达到有序结构的实践活动。

然而，在各种组织结构中无序也总是存在的，任何图书馆中都存在着一种反抗协调而自发趋向无规则、无秩序状态的力量。图书馆中的这种无序一般有两种表现形式：一是受控的无序状态。在统一的图书馆系统中，每个人都扮演着不同的角色，有着自己的利益、目标和爱好，外部环境又总是给予一些随机性的干扰，这些因素是图书馆的协调活动不可能消除的。同时，图书馆中必然存在的分权和结构软化、简化的运动，使图书馆中各部分和个人所具有的自主性、独立性不断增强。图书馆原本有序的结构中各部门都有着确定的位置，随着各部门和个人自主意识的增强，原来确定的位置必然会产生偏离，这种偏离是无规则、无秩序的，进而形成一种无序的涨落。这种涨落一般总是在一定限度之内进行，如果及时采取措施将偏离过大的因素重新拉回合理的范围之内，对偏离的因素进行有效的控制使它不致形成失控状态。这种无序状态被称为受控的无序状态，是保持图书馆生机与活力的必要手段，也是一个有效图书馆系统所必然存在的，是一种良性的无序。二是失控的无序状态。图书馆事业的顺利发展有赖于内外部环境的稳定，如果图书馆并未构建起科学合理的组织结构，图书馆管理者对于重大事项决策失误或重要项目出现纰漏，或者外界环境急剧恶化，都会对图书馆造成巨大冲击，可能使图书馆的协调和控制失效。原本的规章制度将无法制约图书馆内各要素，图书馆各部门和馆员也将处于无序状态，如果图书馆不能根据内外环境的变化调整组织结构，各要素就会完全偏离确定的位置，再也无法控制在合理的范围内，这就是失控的无序状态。这种无序会对图书馆的发展造成消极的影响，降低图书馆的管理效率，使图书馆目标难以实现，如果失控的无序状态长时间内得不到改善就会使整个图书馆分崩离析。失控的无序是一种恶性的无序，必须极力防止。

图书馆系统中的有序和无序还代表着管理运动程序化的程度。任何一个相对完整的管理过程都是一系列过程的统一体，决策在管理过程中占核心地位，除此之外还包括计划、组织、领导、控制等职能，这些职能和过程相互有机联系和转化，形成了图书馆管理运动的一定程序。这个程序规定了图书馆系统在达到目标的过程中所应该遵循的行为步骤和秩序，使管理运动的整个过程表现出一种在时间进程中的规则和秩序，这就是管理过程的有序化。一个有序的图书馆管理过程必然表现为各种管理活动瞻前顾后，井井有条。当上一阶段尚未完成，条件尚未具备时，不轻易进行下一阶段的工作；而当条件具备时，又不失时机地把管理过程推移到新的阶段，做到管理过程间断性与连续性的辩证统一。在每一阶段中善于抓住重点，顾及全面，突破难关，带动其他；而当内外环境发生变化时，又能适时地转移工作的重心，整个管理过程呈现出主次适宜、轻重得当，有节奏、有规律地向前推进，做到管理过程起伏性和前进性的辩证统一。这就是图书馆管理运动的程序化。

然而，图书馆管理运动并不都是沿着程序化的方向发展，它还具有非程序化的一面，也就说图书馆管理过程存在着无序。这种无序同样有两种情况：一种是由于外界环境和图书馆系统内部各种关系的随机变化，使原来固定的程序不得不被打破，出现错位、扰动甚至颠倒的情况。例如，在开始实施图书馆计划之后，发现计划与客观实际严重不符，或者客观情况已经发生了重大的变化，这就必须停止原计划的执行，重新返回到修改或重新制订计划的阶段。这就要求保持管理过程的良性无序，这种无序即是灵活性，是任何成功的图书馆管理运动所必须具有的性质。另一种管理过程的无序就大不一样。这种无序的根源是图书馆管理者主观思维与客观实际发生严重背离，它表现为原来制订的程序本身严重失误，与实际情况的变化根本不相适应；或者是图书馆管理者在执行程序时掉以轻心，严重失职，完全不顾眼前现实的管理情境。这种无序是一种恶性的无序，对图书馆的管理造成了极为恶劣的影响，如打乱了管理程序，使图书馆管理完全处于一种被动应付的局面，面对外部环境的冲击穷于招架，导致图书馆管理的失败。

因此，从质的规定性来看，图书馆管理的有序和无序有两种形态：一种标志管理自主的协调程度；另一种标志管理运动程序化程度。可以说，有序和无序是图书馆系统在时空结构中的规则性和秩序性程度的综合反映。

7. 稳定与改革

稳定和改革是图书馆系统在其发展的历史过程中两种不同的状态和趋势。稳定是指图书馆系统在其发展过程中总体的状态和趋势保持不变，也就是说图书馆处于相对静止的状况；改革是指图书馆系统在其发展过程中总体的状态和趋势都发生重大变化，也就是说图书馆系统处于显著变动的状况。

图书馆管理的一切要素、一切过程都具有稳定性，否则，图书馆管理活动就无法正常进行，也无法对管理要素和过程进行研究。但是，图书馆管理活动的相对静止和相对稳定是有条件的、暂时的。首先，当我们说某些管理要素处于稳定状态时，只是相对于一定的管理系统和时间、地点而言。在某一特定的图书馆系统中，管理者和被管理者的划分是稳定的，但离开这个特定的系统，进入其他管理系统，情况就会发生变化。其次，稳定包含管理活动中的质变。当图书馆管理过程的某一阶段、某一种管理模式或体制仍然保持着它们自身的性质、没有发生质变的情况下，我们就认为它们是相对稳定的。但与此同时，它们在性质不变的情况下还发生着其他变化。例如，计划过程在没有向组织过程发生飞跃前，内部发生着由初选目标向预测、预算、决定方案的质变，这并没有改变计划过程的性质，我们就说它是稳定的。某一管理模式中的内部矛盾还未尖锐到摧毁这种体制的外壳时，我们就说这种管理模式是相对稳定的。

改革是由图书馆内在矛盾推动的自我发展和自我否定。一方面，它是旧的管理模式向新的管理模式的质变，但局部的改革总是经常不断的。任何一个具体的图书馆管理过程中间都有改革。例如，控制过程对组织过程来说就是改革组织管理，控制过程对计划过程的反馈也是改革。改革是动态管理的基本特征，而一切有效的管理本质上都是动态管理。所以，稳定中有改革的因素。另一方面，改革中也有稳定的因素。改革不是一阵风、一股浪，它是一个持续稳定的过程。改革要有一定的步骤，改革中推行的政策、组织体制、管理方法等需要一定的稳定度，以便观察、评价和控制，并在改革过程中巩固自己的成果。其次，稳定和改革具有相互转化的趋势。管理模式的相对静止、管理过程的量变使整个图书馆管理活动在一定时期呈现出稳定状态，似乎一切都在按部就班地正常运转。其实不然，这背后孕育着各种矛盾。当这些矛盾尖锐到不冲破旧的管理体制其管理活动就会严重阻碍各项业务活动发展时，全面的改革就不可避免了。当通过改革建立起新的管理体制后，这种管理体制下的管理活动基本上是适合各项业务活动发展需要的，这时就需要保持管理体制的稳定来巩固改革的成果。总之“稳定—改革—稳定”是管理体制发展的实际过程，这个过程的不断推移就是图书馆管理活动的进化和升级过程。

总之，图书馆管理的范畴是图书馆管理活动中个人与组织、组织与环境这两个基本问题的具体展开，作为矛盾统一体的每一对范畴在现实的图书馆管理活动中并不是孤立存在的，而是紧密联系并和图书馆管理的运动规律相互结合综合地发挥作用。当我们用这些范畴去分析现实的图书馆管理活动及其矛盾时，应该注意这些范畴之间的相互联系和相互转化，注意它们在反映图书馆管理的本质和规律中的特殊性和普遍性，注意它们与活生生的图书馆管理现实运动及蓬勃发展的图书馆管理学的有机结合。

二、高校图书馆管理的特点

（一）综合性

图书馆管理的综合性体现在它所涉及的领域包括人力资源、文献信息资源、财力资源、物质资源等各个层面，而且随着资源形式的变化有所改变。人力资源包括人才规划、招聘、甄选、培训、绩效管理等环节。文献信息资源选择、引进、供给则需要文献信息规律研究作支撑，结合图书馆服务对象和文献信息资源出版情况做出决策。财力资源包括经费获得、经费安排等，是关系到图书馆能否正常运转和提高工作效率的重要保障。物质资源涉及图书馆建筑、设备等实物资源，是图书馆存在的建筑环境和技术环境要素。传统的图书馆管理没有注意到管理的综合性，把精力集中在业务管理活动，忽视了财力资源获取和人力资源建设等方面的研究，导致图书馆很难获得用户、领导、馆员的满意，也是图书馆社会地位远低于其应有的社会影响力的主要因素之一。

图书馆作为一个组织，所具有的综合管理的特点和其他组织是大致相同的，说明的都是组织内部的基本问题，如组织的位置在哪里，组织管理的目标是什么以及如何实现目标。从空间来说，管理贯穿在图书馆的一切活动中，图书馆的任何活动和内容中都可以找到管理的影子。换句话说，凡是有图书馆活动的地方，就有图书馆管理的存在。从时间上来说，图书馆管理从图书馆诞生之日起就出现了，并随着图书馆事业的发展而不断进步。我国商代就出现了专门的藏书机构，设置史官来掌管藏书，并且制定了管理图书的办法。这一时期的虽然没有明确提出书籍分类和编目体例，但已经在实践中总结了藏书的办法并且流传开来。如考古学家发现，商代史官将甲骨片编联成册，为了方便查找，在储藏时采用标签的形式标示出来。可以说这是我国已知的最早的藏书管理，代表最原始的图书馆管理思想。

图书馆是一个非营利性机构，目的是为每一位成员提供精神产品，满足他们知识信息的需求。长期以来，图书馆实行的是一种封闭式管理，图书馆管理也就是管理图书馆系统本身，如图书馆管理者通过构建完善的组织结构、选拔合适的人才、维修图书馆建筑、增添图书馆设备等内部管理手段来提高图书馆系统的运行效率，从而达到既定的目标。这种管理模式虽然强调的是“读者第一”，但在实际的操作中依然将图书馆放在核心位置，信奉的还是“图书馆中心论”，读者只不过是实现图书馆目标的手段，读者只能被动地接受图书馆提供的服务，而无法主动选择服务。图书馆以读者为中心的服务宗旨并没有体现，图书馆的管理也没有从读者的需求出发。随着科学技术的飞速发展，通信技术和网络技术日益成熟，人们可以在网络中寻找到需要的知识和信息服务，图书馆已经不再是人们获取信息的唯一去处。除此之外，信息技术的发展，也使图书馆的地位和形态发生了改变，图书馆已不再是信息整理加工规则的唯一制定者，在传统的纸质文献资源的基础上，出现了“电子图书馆、数字图书馆、网络图书馆”。这些新的文献资源的出现，使图书馆的管理更具有综合性。

（二）理论性

任何一门管理学科都不可能脱离理论的支持而获得发展，图书馆管理也不例外。图书馆管理不仅从图书馆学研究发展中汲取营养，更多的是作为一级组织结构从企业管理、公共管理等领域获得新的理论支持。理论性是图书馆管理的一个重要特点，在传统的图书馆管理实践中，轻视理论是图书馆界的通病。轻视理论，不学习、不研究、不借鉴，其直接后果是目光狭窄，观念落后，管理水平普遍低下。就必须有针对性地研究管理学的最新成果，吸收实践中获得的管理方法，融合成为图书馆管理学独特的理论体系。

（三）实践性

管理理论和思想本身起源于长期的实践活动，从泰勒的科学管理、法约尔的一般行政管理到现当代的其他管理理论无不都是生产实践的结果，可以说实践性既是验证理论正确性的方法，也是产生管理学思想的需要。图书馆管理是图书馆事业发展进程中产生的事物。中国图书馆事业经历了从无到有，从小到大的发展历程，不同时期的图书馆事业有着鲜明的时代特征。古代时期与图书馆相关的工作主要是图书的整理和加工，比如汉成帝时刘向、刘歆父子的校书活动，最终生成了中国历史上第一部综合性的群书目录——《别录》和第一部综合性的群书分类目录——《七略》，这种单一的工作也就不可能出现图书馆综合管理的问题。随着图书馆出现、壮大，发展到今天，动辄上百员工，过千万经费的图书馆比比皆是。图书馆管理也在管理活动不断发展的过程中形成了自己的学科体系，并进一步指导图书馆管理实践。

（四）科学性

图书馆管理的科学性首先表现在它极大地推动和促进了图书馆工作的开展和管理实践的发展。从图书馆的发展历程和当代图书馆的工作实践，可以看出图书馆工作是有规律的。图书馆工作内在需求需要管理的发展，管理的发展也促进了图书馆工作的进步，这说明管理具有科学性。其次，图书馆管理是能够应用科学知识的领域。比如，读者行为、员工绩效研究涉及心理学知识；图书馆自动化系统管理是建立在计算机科学基础上的。最后，图书馆管理内容可成为新的科学知识体系。

图书馆管理学的形成恰恰说明了它作为图书馆学一门分支学科的学术性与科学性。图书馆管理由两部分内容构成，一部分是程序性活动，另一部分是非程序性活动。所谓程序性活动就是指图书馆的所有活动都依照一定的规律进行，按照制定好的规章制度来运作的管理活动。非程序性活动是指图书馆内的活动是无规律可循的，需要边运作边探讨的管理活动。程序性活动和非程序性活动并不是固定不变的，而是可以互相转化的。现在的程序性活动就是从以前的非程序性活动中转化过来的。两种活动的转化过程就是人们对这类活动与管理对象规律性的科学总结，以切实提高当今图书馆的管理水平，比如知识管理等。需要注意的是，这种关注、追踪、移植，如果仅限于名词，不仅无益，反而容易搞乱思想，只有切实地深入其中，弄清弄懂，这才是科学的态度。

（五）经济性

众所周知，图书馆存在着以资源稀缺性为核心的经济问题，如社会对图书馆的投资应该达到什么样的水平才能充分发挥图书馆的各项社会功能？为了节约社会投资，提高图书馆的投资效益，对图书馆的社会投资应如何分配给各种不同类型的图书馆才能使图书馆资源达到合理配置？怎样选购和组织藏书才能使有限的购书经费发挥最大的效益？上述问题的有效解决离不开对图书馆各项资源的合理配置和使用，如图书馆的人力资源、财力资源、信息资源等。资源配置是需要成本的，因此图书馆管理就具有了经济性。图书馆管理的经济性主要表现在以下方面：首先，图书馆管理的经济性反映在图书馆资源配置的机会成本上，图书馆资源配置的方式是多种多样的，图书馆管理者如果选择某一种资源配置方式势必要放弃其他的资源配置方式，这里有一个机会成本的问题。其次，图书馆管理的经济性反映在管理方式选择上的成本比较，不同的资源配置方式所花费的成本是不同的，这就要求管理者根据图书馆的具体情况选择性价比最高的资源配置方式。最后，图书馆管理是对资源有效整合的过程，不同的资源配置方式有着不同的资源供给和配比，涉及成本的大小，因此如何选择就是一个经济问题，这是经济性的另一种表现。

（六）组织性

图书馆管理的组织性涉及两方面的内容。一方面指的是图书馆管理活动总以一定的组织为依托，不管这个图书馆是学校图书馆还是企业图书馆，不管是公共图书馆还是工会图书馆都是图书馆管理活动开展的组织基础，这种组织是一个有序结构，参加管理活动的人成为组织的重要组成部分。组织在图书馆管理系统中有双重属性：首先组织是管理的主体，这是因为任何组织的管理都需要一定的组织机构作为组织支撑，对于图书馆管理来说就是由特定的图书馆去进行管理；其次组织又是管理的对象，因为任何管理都是针对一定的组织的管理，对于图书馆管理来说，就是对于特定图书馆的管理。离开组织的孤立个人是无法开展对于组织机构的管理活动的，也就没有图书馆管理。另一方面，它指的是图书馆管理活动本身就是一种组织活动，这种组织活动将分散于图书馆各领域的资源整合起来，如人力资源、财力资源、信息资源等，进而使图书馆形成一个稳定的结构，这个结构可以根据客观环境的变化而及时地进行调整，物质和社会的双重性是图书馆组织结构的显著特征。除此之外，这种组织过程还具有如下优势：首先，它能够将图书馆内部无序的事物结合成一个具有整体性的管理组织系统，系统内部的诸要素之间是相互联系、相互制约的关系，正是因为有了这个管理组织系统，图书馆管理活动才得以顺利进行；其次，它可以根据图书馆外部环境和内部结构的调整，对管理活动的各种要素之间的关系进行调整，以寻求相适应的最佳物质与社会的匹配关系，使图书馆系统朝着管理的目标运动。图书馆管理的组织性是图书馆管理的最基本的特征，也是其他特征的内在根据和机制。

（七）艺术性

图书馆管理系统是由众多要素组成的，这些要素分别处于不同的系统，如有的要素属于科学院系统，有的要素属于文化系统，还有的要素属于工商企业系统；不同的部门，如有的要素属于采访部，有的要素属于信息技术部，还有的要素属于流通阅览部；不同的环节，有的要素属于出纳台借还环节，有的要素属于书库整理环节。这就导致没有一个完全有章可循的模式来对所有的管理对象进行统一的管理，特别是对那些非程序性的管理对象更是要根据具体的情况使用针对性的管理方式。因此，图书馆管理者是否拥有娴熟的管理技巧直接影响着图书馆管理活动的成败。一方面，管理主体对管理技巧的运用与发挥体现了管理主体设计和操作管理活动的艺术性。另一方面，图书馆管理方式和手段是多种多样的，到底采用哪一种管理方式来实现图书馆资源的有效配置，进而达到预期的图书馆管理目标，也体现着管理主体进行管理的一种艺术性技能。

第二节　高校图书馆管理主要原理

一、高校图书馆管理的系统原理

任何社会组织都是由人、财、物和信息组成的系统，任何管理都是对系统的管理，没有系统，也就没有管理。系统原理不仅为认识图书馆管理的本质提供了新的视角，而且它所提供的观点和方法广泛渗透到人本原理、能级原理、动力原理和效益原理之中，在图书馆管理原理的有机体系中起着统率作用。

（一）系统整体性原理

系统整体性是指系统诸要素相互联系的统一性。整体性是系统最本质的属性，因而人们经常将“系统”和“整体”这两个概念等同起来。马克思历史唯物主义告诉我们，任何系统都是一个有机的整体，整体性和完整性是系统最显著的特征。因此，整体性原理是系统原理的重要组成部分，系统的整体性根源于系统的有机性和系统的组合效应。

系统整体性原理的基本内容有：

（1）要素和系统不可分割。

（2）系统的整体功能和各组成部分的功能之和是两个完全不同的概念。

（3）系统整体具有不同于各组成部分的新功能。

系统整体性原理对图书馆管理工作具有重要的指导意义：

第一，根据图书馆管理目标，把管理要素组成一个有机的系统。图书馆管理者实施管理的目标之一就是将图书馆中的诸要素功能统一起来，从总体上予以放大。从这个意义上来说，图书馆管理是一门高深的学问，通过运用多种方法将图书馆中的各种要素或各个部门有效地衔接起来，从而实现图书馆持续健康发展的目标。

第二，把不断提高要素的功能作为改善图书馆系统整体功能的基础。图书馆整体功能的发挥有赖于组成图书馆系统诸要素的情况，图书馆系统内部的诸要素同图书馆整体功能存在着正相关关系，即图书馆内部诸要素的基本状况越好，要素与要素之间越协调，图书馆整体功能越能得到有效的发挥。这就是说，如果我们要提高图书馆系统的整体功能就必须要提高图书馆内部组成要素的基本素质。图书馆系统是一个整体，由采访、分编、典藏、流通等部门组成。图书馆整体功能的发挥同各部分基本素质有着密切关系，完善的各部门素质是推动图书馆整体效应发挥的最基本条件。任何一个部门基本素质较薄弱或者功能不够健全，都会在一定程度上影响图书馆的整体效应。因此，图书馆管理者要想实现图书馆管理的预定目标，就必须深刻意识到图书馆系统内部诸要素的重要意义，站在全面提高图书馆整体功能效应的高度，不断提高各个部门的功能素质，特别是关键部门或薄弱部门更要加大建设力度，并强调局部服从整体，以保证图书馆系统的最佳整体功能。

（二）动态相关性原理

马克思历史唯物主义的基本原理之一就是事物是变化发展的，变化是事物的本质属性。系统也是不断发展变化的，动态性是系统的本质属性。系统的动态性取决于系统的相关性。系统的相关性不仅指系统的要素之间是相互联系的，而且系统内部诸要素同系统整体之间是相互联系的，系统与环境之间也是相互联系的。系统的发展变化有赖于系统内部要素之间的相互联系和相互作用，有赖于要素与系统整体之间的相互联系和相互作用，有赖于系统与环境之间的相互联系和相互作用。动态相关性原理的实质是揭示要素、系统和环境三者之间的关系以及相互联系、相互制约的关系对系统状态的影响。

动态相关性原理的基本内容有：

（1）系统内部要素和要素之间是相互联系、相互制约的。

（2）要素与系统整体之间是相互联系、相互制约的。

（3）系统与外部环境之间是相互联系、相互制约的。

从上述内容可以看出，动态相关性原理和系统整体性原理是紧密联系的。整体性原理是系统思想的核心，动态相关性原理则是整体性原理的延续和具体化。

动态相关性原理对图书馆管理工作具有重要的指导意义：

第一，任何要素都不是孤立的，存在于图书馆系统的任何要素都与其他要素有关。图书馆任何一个要素的改变都会引发其他相关要素发生相应的改变。如图书馆藏书规模的扩大，势必会要求增加书库空间，又如图书馆新馆舍的建设，必然要求重新规划图书馆的藏书，配置新的设备以增加更多的工作人员；如一位新馆长的上任，必然会引起图书馆系统内人力、物力、财力等要素的变化；又如图书馆自动化系统的建设，必然要求图书馆做好馆员的培训工作；又如图书馆经费的缩减，必然会导致图书馆管理者缩减工作人员的福利待遇，减少馆内设备更新与维护的频率，在一定程度上还会影响藏书建设水平。因此，在图书馆管理实践中，当我们想要改变某些要素时，必须认真考察该要素与其他要素之间的关系，考虑该要素的改变对于其他要素以及整体系统有怎样的影响。图书馆系统中各要素发展的同步性可以使各要素之间相互匹配。

第二，图书馆系统内部诸要素之间的相关性不是静态的，而是动态的。要素之间的相互关系并不是一成不变的，而是随着时间而不断发展变化的，这就导致系统整体的性质和状态也是不断发展变化的。这就要求我们将图书馆系统看作动态系统，在动态中把握图书馆系统的整体性，在动态中协调图书馆内部要素与要素、要素与系统整体的关系。图书馆管理的过程，实质上就是从整体上把握包括藏书、馆员、读者等在内的图书馆诸要素的运动变化特点，然后根据读者需求和图书馆发展规划进行针对性的调节和控制，从而实现图书馆管理的最佳目标。

（三）层次等级性原理

任何一个系统都不是孤立存在的，它的内部包含了很多的子系统，而系统本身又成为高一级系统的组成要素。这种系统要素的等级划分，就是系统的层次等级性。

层次等级性原理的基本内容有：

（1）层次等级结构是物质普遍的存在方式。

（2）任何一个系统都有着自己独特的结构，不同层次等级的系统所具有的结构是大不相同的，系统所具有的功能也是有着很大差异的。

（3）系统不仅和同层次等级的系统之间有联系，而且和不同层次等级的系统之间也有着联系，系统和系统之间相互联系、相互制约，处于辩证的统一之中。

系统层次等级性原理对图书馆管理的指导意义表现在：

第一，系统层次等级性原理可以指导人们合理设置图书馆管理层次。图书馆管理工作要重视构建管理组织系统的原因在于管理对象的复杂性与管理者个人能力的有限性之间的矛盾。虽然现在的图书馆管理者不断转变观念，学习先进的管理理念和管理方法，图书馆管理手段也日益丰富，但与之相对应的是，图书馆的管理对象相比以往更加的复杂。管理对象与管理组织系统之间是正相关关系，即管理对象越复杂，管理组织系统的规模也会越大。随着社会经济的发展，读者对于图书馆的要求不断提高，为了满足读者日益增加的知识服务的需求，图书馆的规模与日俱增。对于规模较大的图书馆系统来说，合理划分层次等级，有助于缓解管理对象复杂性和管理者能力之间的矛盾。这是因为，将一个较大的管理组织系统划分为不同的层次等级，针对每一个层次等级特点设置相应的管理人员进行分级管理，从而使他们的管理能力和管理对象相适应。

第二，系统层次等级性原理可以指导人们科学地分解图书馆目标。图书馆的发展需要以科学的发展目标为指引，而图书馆系统的层次等级又是科学分解目标的前提和基础。任何一个图书馆在制定总体目标时，不仅要考虑自身的基本任务、当前社会环境，还要考虑上级的指令和图书馆未来发展方向，总之要综合考虑各种内外条件。当图书馆确定总体发展目标后，要按照图书馆系统的层级等级将总目标分解为不同层次、不同部门的分目标。分目标和总体目标是相互联系、相互依存的，分目标是总目标完成的基础，总目标指导着分目标，从而形成上下贯通的目标体系。这样建立起来的目标体系具有如下优点：从组织上来说，能使目标前后衔接，落到实处；在内容上将目标落实到每一管理层级，每一个部门甚至每一个图书馆工作者，使所有人都能对自己的责任有着清晰的认知，使图书馆管理工作走上系统管理的轨道。

（四）系统有序性原理

系统有序性原理的基本内容有：

（1）任何系统都有特定的结构。结构是否合理决定着系统是否有序，如果系统内部的结构比较合理，则系统的有序度也会较高，系统的功能会得到充分的发挥。

（2）系统内部结构不是一成不变的，而是由低级结构向高级结构发展，即系统由无序趋向有序。

（3）系统的开放性是维持系统有序结构的前提和基础，任何系统要想产生持续的发展必须要保持开放性。

系统有序性原理对图书馆管理工作的指导意义表现在：

第一，掌握系统有序性原理，有助于深入了解图书馆系统对外开放和对内搞活政策。任何图书馆系统要想稳定健康地发展下去就必须保持开放性，必须根据图书馆的实际情况构建耗散结构系统，以增强图书馆系统的活力。

第二，掌握系统的有序原理，有助于提高图书馆管理的有序度。图书馆系统包含着诸多要素，只有科学合理地安排这些要素的秩序，使这些要素同图书馆系统相协调，才能提高图书馆管理的有序度，从而减少内耗，实现统一的整体功能。图书馆诸要素的有序包括以下三方面的内容：一是图书馆目标体系要有序；二是图书馆管理目标的实施过程要遵循一定的原则，要做到有序；三是图书馆组织系统要有序。

二、高校图书馆管理的人本原理

纵观管理学的发展历程，可以发现，任何管理理论都以“人”为基础，都依据对人的一定看法而提出来的，不同点在于，不同的管理理论对于人有着不同的理解。例如，X 理论认为人性本恶，并以人性“恶”这一假设为基础构建了管理体系；Y 理论认为人性本善，并以人性“善”这一假设为基础提出了管理理论；Z 理论则抛开人性善还是恶这一问题，从人的需求出发，探究管理的发展规律。再如，传统的管理理论往往把人当作手段来看待，在传统管理理论研究者看来，人和机器、设备等工具是一样的，只不过是实现经营管理目标的手段；现代管理学认为传统管理学的观点是片面的，因而普遍摒弃了这种看法认为，人是管理的目的，人在管理活动中处于支配地位，管理活动应围绕人来展开。

（一）人本原理的含义

所谓人本，顾名思义，就是以人为根本。人作为管理活动的主体，在管理系统中发挥着无可估量的作用。实践证明，现代管理活动的成功有赖于人积极主动地参与管理活动。现代管理的人本原理就是指做好人的工作，以调动人的积极性，使人充分发挥自身的创造性。它包含如下内容：第一，人是管理的主体，人在管理活动中处于核心地位，起领导作用，支配其他资源开展管理活动。第二，管理活动的顺利开展离不开人的主观能动性的有效发挥，只有高度重视人的因素，才能提高管理水平。第三，现代管理学家认为人是管理活动的目的，因此必须做好人的工作，将最大限度地调动人工作的积极性和创造性作为管理活动的目标之一，这是决定管理工作成败的核心因素。人本原理具体包含以下几层含义：（1）人的因素第一的观念。所谓人的因素第一就是指无论组织或个人都要高度重视人的作用，将人的因素看成首要因素，不管是观察任何事物，或者发现问题，总是从人的因素出发，摒弃重物不重人的观念。（2）尊重知识、尊重人才的观念。知识是人才的基础，人才又是知识的人格化，尊重知识和尊重人才具有内在的同一性。需要注意的是，图书馆管理中的人才观念指的是广义上的人才观念，即有着扎实的专业知识、丰富的实践能力以及良好心理素质的人才，而不是指专业能力较强的少数典型代表。（3）以人为本的最高目标是实现人的全面发展。（4）“人和第一”的观念。图书馆管理中贯彻“人和第一”的观念，需要做到以下几点：首先，做好图书馆管理者之间的协调工作，图书馆的高层领导者要秉持相同的奋斗目标，团结一致；其次，做好管理者与被管理者之间的协调工作，畅通沟通渠道，及时了解被管理者的心理状态，营造积极进取、奋发向上的氛围，使管理者和被管理者同心同德；最后，在图书馆内部构建良好的人际关系，在图书馆外部建设良好的社会关系。从人本原理来看，图书馆管理主要是人对人的管理，即图书馆中高层领导对普通馆员和读者的管理。这就是说，图书馆在制定任何管理制度时必须从人的本质出发，必须对人的本性有一个准确而科学的认识。通俗地讲，管理制度的制定应该按照以下流程：首先，管理者要明确管理的对象是谁，有着怎样的特征；其次，根据管理对象的特点制定管理制度和管理方法，即如何管理的问题。这样就能使所制定的管理制度有较强的针对性，从而从根本上起作用。

（二）在图书馆管理中贯彻人本原理的主要途径

1. 把图书馆管理建立在对人的本性的科学认识基础上

随着现代管理理论的不断成熟，现代管理理论家意识到人的因素在管理中发挥着巨大作用，以人为本的管理思想成为管理体系中的核心思想。图书馆管理机关同样是由人组成的，管理工作的开展离不开人的作用。有关研究表明，领导的管理宗旨与工作人员的思想情绪有着密切的关系，如果领导的管理思想比较先进，就能有效激发工作人员的经济性和创造性，使他们以饱满的热情投入到工作当中；相反如果领导的管理思想滞后于组织机构的发展，工作人员的工作积极性就会大打折扣。要调动劳动者的积极性就必须要贯彻以人为核心的管理理念，领导要倡导“团结、务实、勤奋、协调”的新风尚，充分尊重工作人员的主体地位，推行人性化管理，深入挖掘人才资源，鼓励人才的合理流动，密切联系群众，关心员工、爱护员工，维护员工的合法权益，尽量满足员工的正当需求，增强凝聚力。

2. 在图书馆管理中正确运用激励机制

有效的激励机制是运用人本原理做好管理工作的一项重要内容。图书馆管理效益的提升有赖于图书馆工作者积极主动地参与图书馆管理工作。马斯洛层次需求理论提出了这样的观点：任何人都有着生理、安全、社交、尊重与自我价值实现的需要。心理学知识告诉我们，积极性指的是人们从事某项活动的意愿，如果人们参与活动的意愿是主动的，则积极性就会高涨，相反，如果人们参与活动的意愿是被动的，那积极性就会下降。图书馆工作者同样有着不同层次的需求，要调动他们的积极性就应该强化与他们的沟通交流，深入地了解他们的需求，从满足他们不同的需求出发，构建完善的竞争机制，使真正有才能的工作人员脱颖而出。当前我国图书馆的福利待遇相对较低，为了激发图书馆工作者的积极性，除了创造条件提升物质待遇满足他们的物质需求之外，更要重视满足他们的精神需求。实践证明，精神激励的效应是巨大的，影响是深远的，在一定程度上可以弥补物质激励的不足。相比于其他工作，图书馆工作虽然无法为图书馆工作者带来丰厚的物质回报，但是却能获得心灵上的满足，他们渴望获得他人的理解和尊重，希望图书馆能够组织一些社会活动，加强与外界的联系。图书馆管理者要综合考虑他们的需求，营造活泼和谐的群体氛围，为工作人员提供培训和进修的机会，满足他们自我实现的需要。在图书馆管理活动中，通过认识和引导人的需要具体包括三方面的内容：

（1）通过认识人的需要去实现对人的管理。任何系统的顺利发展都离不开人的作用，图书馆系统的顺利开展有赖于所有图书馆工作人员的共同努力。成长背景、生活经历的不同，每个人的愿望和需求也是各不相同的。这些个人的利益，有些与图书馆的利益相一致，或是兼容的，也有些是不符合图书馆的长远利益甚至与图书馆的利益相背离的。图书馆管理实际上就是通过认识人的需要，并在这种认识的基础上，对于那些符合图书馆利益的个人愿望和追求进行鼓励和强化，对于那些不符合图书馆利益的个人愿望和追求进行限制。

（2）通过促进人的需要的满足去实现对人的管理。人的行为是有一定的目的性的，归根结底是为了满足自身的需要。管理从本质上来说就是将人作为管理对象，预测人在一定环境下会采取怎样的行动，了解什么东西在引导着他们工作，或者说弄清楚他们到底需要什么。所以，对于管理者来说要将人作为管理对象，考虑人的需要，协调好个人需要与集团需要之间的矛盾，这是管理者的重要职责。图书馆管理的对象不仅包括馆员，还包括读者，图书馆的发展既离不开馆员的努力，也离不开读者的支持，这就要求图书馆管理者要根据图书馆的特色，将读者的需要、馆员的需要和图书馆的需要结合起来，实现三者的协调发展；将图书馆成员的个人需要同图书馆长远发展结合起来，保证图书馆的个人需要得到长久稳定的满足，进而调动他们完成图书馆任务的积极性。

（3）通过唤起人的需要以积极主动的态势实现图书馆管理。管理学家认为，衡量管理活动是否有效的标准之一就是能否唤起被管理者的需要，如果管理活动能够有效唤起被管理者的需要，使被管理者积极主动地参与到管理活动中，则这次管理活动就是有效的、成功的。任何管理者都希望采取有效手段，唤起被管理者对集体活动的兴趣。图书馆管理者也不例外，也希望通过施加影响，唤起图书馆工作者的需求，激起他们对图书馆活动的兴趣。有效的图书馆管理是使被管理者自觉地将个人利益与图书馆的利益结合起来，将图书馆的信念变成个人的信念，将个人奋斗目标同图书馆事业持续稳定发展联系起来。这时，被管理者就会以饱满的激情投入到图书馆工作中，以极大的热忱执行图书馆活动。

3. 重视人的精神、价值观和政治思想在图书馆管理中的作用

我国古人很早就意识到思想教育的重要性，并提出了“为将之道，当先治心”的至理名言。随着社会经济的发展，人们的物质生活水平有了显著的提升，经济学家经过多年研究发现，人的精神追求、价值观的实现和思想政治因素在管理中的作用日益突出。图书馆管理者也要深刻意识到思想政治教育在图书馆管理中的重要意义，重视思想政治教育，加强与员工的沟通交流，及时发现和掌握人员的思想动态，引导人员树立正确的人生观、价值观，当发现人员中有不健康的思想苗头时，要及时地予以纠正。思想政治工作是提高组织凝聚力的有力手段，思想政治工作的本质就是做好人的工作，培育人、引导人和改造人是思想政治工作的最终目的。马克思主义反映论的最基本观点是社会存在社会意识，即人们的思想认识是由一定的社会存在决定的。实践是检验真理的唯一标准，即使是经实践检验证明是正确的思想认识，人们也不可能都会接受，只有这些思想认识是人们在实践过程中亲身总结出来的，才可能形成共鸣，达成共识，进而内化成自觉的信念。

4. 创造能充分发挥人的聪明才智和拔尖人才脱颖而出的机制和环境

一般来说，一个体力、脑力比较健全的人，只要激发其某一方面的能力就可以创造出多于自身正常消费的财富。也就是说，部分人宣称的图书馆工作人员积极性不足是一个伪命题。事实上，图书馆不存在人的能力缺乏的问题，而只可能是因为激发人潜能的机制不够完善和健全。目前很多高校图书馆都侧重于硬件设施的投入，而忽略改善各种影响人的本能和积极性充分发挥的因素。事实上，造成高校图书馆管理水平较低的最主要因素就是人为因素，如领导作风、运转机制等。面对数字化时代的挑战，要想提高图书馆的管理水平，就必须消除影响人的才能和积极性发挥的各种障碍。为此图书馆要进一步改革人事制度，制订人才培养计划，提高人才的专业化水平和创新能力，建立平等竞争机制，强化制度建设，建立服务评价体系，健全单位绩效考核制度，建立和完善读者需求沟通机制和内部监督管理机制，营造人才成长的优良环境。

三、高校图书馆管理的能级原理

在图书馆管理活动中，人是决定性因素，所以要以人为本。但仅仅认识到这一点还远远不够。所谓“因人制宜”“量才录用”即是出于这种考虑，这就牵涉到了能级原理。

（一）能级原理的基本含义

能是物理学中的专业术语，指的是做功的术语，后来学者们将其运用到管理活动中。人、机构和法规都有能量问题。能量有着大小的差异，自然也可以分级，进而建立一定的管理程序、规范和标准体系。管理的能级是现代化大生产的必然产物。能级是现代物理中“场”和“势”的重要组成部分，正是因为有了能级，现代管理才得以有序进行。能级原理的目的在于提高内部管理效率，实现团队组织目标完美呈现。伴随着信息时代的到来，信息资源管理方式发生了变化，图书馆管理也面临着一次必要的转型，知识经济时代图书馆管理的任务之一就是不断创新服务理念、服务手段、管理模式，构建科学合理的结构体系。该结构体系要囊括图书馆的所有要素，具有不同的层次及能量，同时根据图书馆的各要素及其行为动态不同特点将其安排到相应的能级中，形成图书馆系统得以良性运行的“场”和“势”，进而达到优化图书馆系统整体功能的目的。这就是图书馆管理能级原理的含义。

（二）图书馆能级的结构优化

图书馆的能级结构是图书馆能级动态优化的基础，如果从几何学的角度来考查图书馆的能级结构，就可以发现，一个稳定的图书馆能级结构应呈正三角形态。其中，最顶层的是战略规划层，面积最小，中间层是战术计划层，面积稍大，最底层是技术操作层，面积最大，如图 1-2-1 所示。

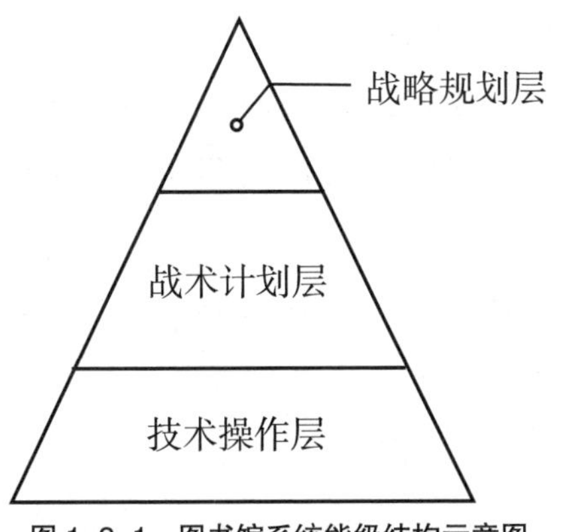

图 1-2-1　图书馆系统能级结构示意图

有关研究表明，管理组织的正三角形态属于全稳定能级结构系统。现代图书馆管理较理想的能级结构也是正三角形态。

其典型特点是：

（1）决策层令行统一，政出一门，执行层遵循制定好的规章制度来落实管理的路线、方针和政策，从而保障图书馆长期稳定地发展下去。

（2）图书馆管理活动要满足管理智力和权力在质量上逐步增加，在数量上递减的原则。

（3）图书馆管理活动要引入现代管理理念，符合现代管理的投入—产出法则，争取以最小投入得到最大产出。

（4）图书馆系统能级结构明确划分了各管理能级的职责，这样一旦发生问题，就可以在最短时间内发现到底是哪个管理能级出现了故障，避免了官僚主义瞎指挥和遇事推诿等弊端。

四、高校图书馆管理的动力原理

（一）物质动力

图书馆管理的物质动力是指运用一定的物质手段，推动图书馆管理活动朝着特定方向发展，进而最大限度地满足读者对于知识信息的需求。尽可能地追求物质利益是人类进行一切活动的出发点和落脚点。因此，完善的物质激励是激发图书馆人员工作积极性，促进他们以饱满的热情投入到工作中的最原始、最重要的手段。回溯图书馆的发展历程，很多原本发展前景十分乐观的图书馆最终却消失在历史的长河中，追究这些图书馆失败的原因可以发现，图书馆管理者并没有深刻意识到物质激励的重要意义，否认个体要素合理而正当的利益追求，反而追求平均主义，缺乏有效的激励机制，忽视人员要素在图书馆中的作用是导致这些图书馆管理活动失败的主要原因之一。

（二）精神动力

精神动力既包括世界观、人生观和价值观，也包括精神鼓励（如奖状、信任、先进称号等），还包括日常的思想工作。

随着图书馆管理研究的不断深入，越来越多的人意识到精神动力对于推动图书馆管理活动趋向优化目标有着积极意义。这是因为，作为图书馆管理活动的精神力量，一方面，它依赖于物质力量，物质动力是精神动力的前提和基础，精神动力作用的发挥有赖于物质动力的支持；另一方面，精神动力对于物质动力有着巨大的能动作用，如果精神动力的质量好，目标取向正确而又发挥得当的话就会极大地推动物质动力的发展，相反如果精神动力质量一般甚至较差，就会对物质动力产生极大的反作用。不仅如此，精神动力还具有如下作用：首先，精神动力影响并制约着物质动力的方向；其次，物质动力的发挥的速度、范围、持久性受精神动力的影响；最后，精神动力一旦转化为每个人员要素的内心信念，就会对个体要素的行为产生深远的影响。所有这些都是精神动力的独特作用之所在。值得一提的是，日常思想工作也是精神动力的一项重要内容。对图书馆管理活动而言，更要引起高度重视，因为图书馆好似一个“清水衙门”，图书馆对物质动力的运用是非常有限的。

五、高校图书馆管理的效益原理

（一）图书馆管理的效能、效率和效益

图书馆管理效益是指图书馆管理系统为一定的目标、以一定的效率发挥其效能的结果或作用。

一方面，从动态过程看，图书馆管理效益是管理目标行为有效做功的结果，它表现为管理效能、效率和系统目标的函数。可用下式表示：

管理效益 =f（系统目标，管理效能，管理效率）

这表明：

（1）图书馆管理系统的整体目标是管理效能和效率趋向管理效益的一个重要干涉变量。即使在管理效能大、效率高的情况下，如果管理的目标不明确或无目标，管理效益就低下或无管理效益可言；如果管理系统目标错了，则管理结果就是负效益，且效能越大、效率越高，系统整体的负效益也就越大。

（2）由于目标变量可主要视其优化程度而在 0~1 取值，因此，当图书馆管理系统的目标确定后，目标就转化为一个常量。

（3）一个系统的效能主要取决于它的结构。一个图书馆管理系统在特定的时空内其结构是相对稳定的，因此，其效能也可视为一个常量。这时，上式可化为：效益 =f（效率）。即效益直接取决于效率，并是它的函数。

另一方面，从静态结果看，图书馆管理效益又主要由经济效益和社会效益构成。我们把图书馆管理系统所表现出来的内在价值称为经济效益，把图书馆管理系统对读者的价值称为社会效益。经济效益与社会效益既有联系，又有区别。二者的联系在于追求经济效益是追求社会效益的前提和基础，而追求社会效益又是提高经济效益的重要条件。二者的区别主要表现在，相比社会效益，经济效益更加明显和直接，我们可以通过若干个经济指标来衡量所取得的经济效益是否达到了预期目标，但是却无法用准确的指标来判断社会效益是否取得了预想中的效果，必须借助其他形式间接考核社会效益是否达标。图书馆管理活动在处理经济效益与社会效益的关系时应该统筹兼顾，实现经济效益和社会效益的同步增长。在图书馆管理活动中存在着两种错误倾向：一种是最大限度地追求经济效益而不顾社会效益，另一种是过分强调社会效益反而忽略经济效益。这两种倾向都对图书馆持续健康发展造成消极影响。图书馆管理活动中，经常会发生经济效益与社会效益相冲突的情况，这就要求图书馆管理者站在图书馆长期发展的高度，从全局出发协调两者关系，但基本原则是社会效益优先，经济效益要服从和服务于社会效益。

（二）影响图书馆管理效益的因素

1. 生产方式

从根本上来看，图书馆管理效益是由生产方式决定的。生产方式是指一个社会中劳动者与劳动资料的结合方式，不同的社会有着不同生产方式。生产方式既包括人与自然之间发生物质变换的方式，也体现着人与人之间的物质交往方式，这两个方面都伴随着管理活动。从某种意义上来说，图书馆管理活动是生产方式的外在表现，有什么样的生产方式势必会产生相对应的管理活动。因此，生产方式不仅决定着图书管理的性质，而且决定着图书馆的管理方式。图书馆管理效益的高低完全取决于图书馆采用什么性质的管理和什么样的管理方式。由此可知，生产方式是决定图书馆管理效益的根本性因素。

2. 管理者

管理者是管理主体，在图书馆管理活动中处于支配地位，起核心作用。有关研究表明，管理者是否具有先进的思想观念、行为方式直接影响着图书馆管理效益的高低。这是因为，管理者拥有什么样的思想观念在管理活动中就表现为相应的管理的指导思想，这种指导思想又会支配管理行动，进而产生特定的管理行为方式。图书馆管理活动包括计划、组织、领导、控制和评价等环节，管理者的思想观念、行为方式渗透在这些环节中，影响着图书馆的管理效益。

3. 管理对象

图书馆管理对象有着丰富的内涵，不仅包括图书馆中的馆员、读者，还包括图书馆中的资金、设备，可以说是由人、财、物、信息资源等要素组成的一个有机体系，在这个有机体系中，人处于核心地位，虽然财、物、信息资源等要素的组合能够有效提高图书馆管理效率，但这种作用的发挥只有通过人的活动才能实现。其他管理对象能否发挥应有的作用完全取决于人是否具有较高的业务素质、是否具有强烈的工作责任心以及人是否在图书馆管理中发挥主观能动性。

4. 管理环境

图书馆管理效益是通过有效的管理活动实现的。而管理活动实施又离不开外部客观环境的支持。因此，管理环境也是影响管理效益的重要因素。影响图书馆管理效益的环境因素包括政治环境、经济环境、科学技术环境和社会心理环境。

第三节　高校图书馆创新管理概述

一、图书馆创新管理的背景

全球化背景下的发展环境使得“创新能力”不仅被企业当作重要的竞争力，近年来也受到非营利组织、政府机构的高度重视，各种企业形式以外的组织开始积极培养员工的创新能力、建立鼓励创新提案机制并举办创新竞赛，借此不断创新服务，提高服务和产品品质，进而提升组织的竞争力。例如，加拿大安大略省政府于 1985 年设置“公共图书馆服务奖”，奖励创新的公共图书馆服务概念。

21 世纪是信息知识充斥的时代，飞速发展的计算机技术和便捷的网络技术，使得人们可以在网络中就可以找到所需要的信息。图书馆不再是用户获取信息知识的唯一来源。面对网络的挑战，图书馆如何转变观念，创新服务，以维持客户忠诚度、吸引新客户，使其存在价值因创新服务而提升，是图书馆界的重大课题。伴随着知识经济的到来，图书馆在社会发展中的作用日趋明显，众多的学者意识到了这一问题，从不同角度展开了研究。但从国内来看，我国关于图书馆管理的学术论文和著作的数量逐年增加，这些论述在管理理论、宏观管理、管理模式与方法三个方面出现了不同程度的理论和实践创新。如一些学者提出了将目标管理理论、激励管理理论等其他学科的研究成果应用到图书馆管理中。还有一些学者在总结图书馆发展规律的基础上，提出了新的图书馆管理理论，如图书馆知识管理理论、图书馆学习型组织理论、图书馆战略管理理论和图书馆项目管理理论。在图书馆宏观管理方面，研究者着重从图书馆立法和图书馆管理体制上入手进行理论创新。在图书馆管理模式和方法上，则以信息资源的合理开发利用为基础，实行以人为本的管理模式，并在此基础上进行了组织结构创新、制度创新和方法创新。

二、图书馆创新管理的含义

创新管理是指组织管理者借助创意环境的确立，通过成员参与对话的形式，鼓励组织成员进行知识创新、技术更新以及产品转化的过程。创新管理的最终目的是实现组织的可持续发展，针对未来组织可能面临的问题，组织管理者运用多种手段激励组织成员，引导组织成员培育愿意突破现状和接受挑战的能力，为了最大程度上激发组织成员的积极性，以创新的思维和方法构建一套适合本组织的文化框架。黄哲彬、洪湘婷认为创新管理的顺利落实要满足如下条件：首先，组织领导者要具有创新的理念。其次，要积极营造适合创新的环境，如完善的决策体系，成员能够共同参与决策；畅通的沟通渠道，组织的领导者能够及时地了解组织成员的需求，构建无障碍的对话情境；健全的激励制度，增加激发成员创新潜能的机会等。最后，塑造创新的组织文化。只有这样，才能提升组织整体竞争优势，以确保组织的不败之地①。

对于图书馆而言，创新管理有两层含义。其一，图书馆创新管理是对其宏观管理模式的创新，包括实行知识管理、业务流程管理、人力资源管理、危机管理等新的管理理念和方法，因此该层面上的创新管理和管理创新没有太大区别；其二，图书馆创新管理要从微观层面上，用创新的理念和方法实施具体的管理活动，也就是每一项管理活动都要有创意、都是在创新的环境下展开，图书馆的领导者和馆员都在积极参与，即微观层面上的如何创新。因此，在理解图书馆创新管理时，不应简单地将之归纳为宏观层面上采用新的管理理念和方法，而应将之扩大至具体的管理活动操作。

三、图书馆创新管理的实施

图书馆创新管理的实施需要注意以下原则：

一是勇于突破原则。组织内部从上至下都应摒除保守、被动的心态，勇于尝试创新的服务方式或改变传统的作业模式，以求业务的改善。而且，上级主管领

① 黄哲彬，洪湘婷．创新管理与学校创新经营［J］．教育经营与管理研究集刊，1995（1）：211-232.

导应鼓励员工提出创新构想，即使推行的成果不佳，也无关系。

二是全面参与原则。除了获得上级主管的支持外，还需要组织内部各部门及所有员工的配合，才能推动成功的创新服务。

三是沟通协调原则。创新案提出后，可能需要组织的经费和人力的支持，也有可能要在作业程序上做某种程度的调整，这些都需要通过各部门、上级主管及全体馆员之间建立起良好的沟通，才有助于创新方案的推展。

四是激励支持的原则。图书馆主管对馆员的激励与支持，是其创新构想提出的重要因素。创新构想提出后，主管也应该给予人力、物力及经费的支持，协助进行部门之间的沟通，以使创新构想得以落实。

五是组织学习的原则。创新方案的推进是一种组织学习的过程，在推进过程中，无论是研究创新服务的方式，设计服务的机制，或是进行可行性评估、市场调查、效益评估等，都可让参与的同事得到宝贵的经验。

六是经济效益法则。创新活动的推行必须考虑成本效益，不仅是商业机构，即便是图书馆也需要考虑组织投入的人力、物力和财力有多少，有多少用户能接受、欢迎和利用创新的措施。对图书馆而言，推出创新措施后，受惠的用户有多少、投入的资源是否成比例，都是必须考虑的问题。

四、高校图书馆宏观创新管理

图书馆宏观创新管理是指高校图书馆管理理念和模式的创新，具体表现为图书馆在某一业务领域采用新的管理模式来应对高校图书馆管理中遇到的问题。这里重点阐述近几年来高校图书馆管理中开始重视并实施的危机管理、分布式管理和营销管理。

（一）图书馆危机管理

1. 图书馆危机的概念及特点

目前国内外学者对图书馆危机直接下定义的不多，已有的定义大多是借鉴其他学科的危机概念。这里采用刘兹恒、潘梅的观点：“图书馆危机是对图书馆系统造成严重威胁或破坏、需要图书馆人立即反应的高度震荡状态。”[①] 在这个定义里，图书馆危机的反应主体被确定为图书馆人，而不是单纯的图书馆决策者，这是基于两点考虑：第一，当图书馆出现危机时需要所有图书馆人共同应对，不仅包括图书馆的决策者同样也包含图书馆的执行者；第二，在形势十分危急，图书馆决策者不在场时，普通馆员必须当机立断地来处理危急，即承担决策的任务。这两方面反映了图书馆危机管理组织化、制度化、变通化的必要性。

图书馆危机作为危机的范畴，自然拥有危机的一般特征，即高度威胁性或严重破坏性、突发性和紧迫性、不确定性、牵连性、聚焦性，同时图书馆危机还具有特殊性，具体表现如下。

（1）隐蔽性

同其他组织相比，图书馆的竞争相对较弱，同时国家大力支持图书馆事业，出台了一系列保障措施来保障图书馆的生存，再加上历史积累的社会体制弊病的渗透等因素，使得图书馆对危机的爆发和威胁缺乏敏感，很多图书馆员认为图书馆是一份平稳的工作，不会出现危机，这就导致他们在处理危机时，缺乏相应的紧迫感。这往往使图书馆危机在人为的“忽视”中被“隐蔽”。

（2）长期性

图书馆的许多危机因子是历史长期积累的结果，如人才危机、形象危机等。危机之后，图书馆需要很长的时间才能恢复到危机之前，如图书馆遭遇到火灾、水灾、地震后的恢复。图书馆危机根源的解决需要花费很长的时间，如图书馆经费危机的解决有赖于国家经济的发展、图书馆立法保障、民众的需求拉动等。图书馆危机影响时间较长，比如资源危机造成某些重要文献缺失或者损毁，这将给图书馆带来长久的不利影响。

（3）复合性

随着图书馆事业的发展，图书馆同其他部门的联系日益紧密，利益相关性增强，危机波及半径扩大，图书馆危机越来越呈现多种危机复合的特点，即一个危机事件可能引发多危机。例如，近年来图书馆因文献采访问题引发了资源危机、

① 刘兹恒，潘梅．图书馆危机管理的基本概念及内容[J]．图书与情报，2007（2）：32-37，41.

服务危机、信任危机等，就呈现了明显的复合性特征。

（4）难恢复性

同其他机构相比，图书馆的最显著特征是拥有丰富的文献信息资源，这也是图书馆核心能力的基础。一般来说，文献信息资源不仅包括纸质文献、缩微文献，还包括电子文献、网络文献。文献信息资源是极其脆弱的，地震、洪水、火灾等自然灾害会对文献信息资源造成不可估量的损害，战争、计算机病毒、黑客攻击等人为灾害同样会对文献信息资源造成损毁。如果文献信息资源在危机中损毁，是很难恢复的。

2. 图书馆危机管理的定义及相关概念辨析

刘兹恒提出图书馆危机管理是对图书馆运行中出现的危机因子和危机事件从发生到消亡全程全面监控处理的管理理论与管理实践。该定义表明，图书馆危机管理是一个系统的工程，涉及图书馆危机事前、事中、事后进行全面全程监控处理的连续链条。图书馆危机管理不等同于单一的危机处理，也和危机公关有着很大的不同。真正的图书馆危机管理不仅是指当图书馆发生危机事件进行处理，更重要的是指当危机还没有爆发时，提前预防。图书馆危机管理包括危机管理的组织、制度、流程、策略、计划、决策等，涉及培养危机意识、组建职能部门、侦测并处理危机因子、建立危机预案和预警系统、处理危机事件、危机恢复、事后总结经验并学习改进等诸多方面。

与图书馆危机管理相类似的概念有灾害管理、风险管理、突发事件管理和问题管理，下面列表简要比较它们与危机管理的特点，如表 1-3-1 所示。

表 1-3-1　图书馆危机管理与相关管理特点比较

管理类型	特点	图书馆危机管理特点
灾害管理	（1）微观视角：侧重具体灾害的防范和应对。 （2）决策紧迫性。 （3）灾害管理是图书馆危机管理的一个分支	（1）宏观视角：注重从危机的前因后果进行总体理解和全程全面管理。 （2）决策紧迫性

续表

管理类型	特点	图书馆危机管理特点
风险管理	（1）风险管理需要对风险概率进行评估，其目的是提供科学备选方案以减小风险损失。 （2）因为风险具有预期收益和预期损害二重性，所以风险管理并不一定是扼杀风险。 （3）风险管理是图书馆危机管理的组成部分，是图书馆危机管理的起点	（1）图书馆危机管理强调危机事前、事中、事后的连续管理，即消灭危机因子于萌芽状态，控制危机事件损失最小，转危为安或转危机为机遇。 （2）图书馆危机管理一般视危机因子和危机事件为消解对象
突发事件管理	（1）主动预防 + 被动应对； （2）决策紧迫性； （3）突发事件管理更多的是针对突发事件的应对处理，即事后处理	（1）主动预防 + 主动 / 被动应对； （2）决策紧迫性； （3）图书馆危机管理防范第一，有制度化、日常化发展趋势，不只事后处理一面
问题管理	（1）主动出击，确定潜在变化、趋势、问题，本质倾向于预期性； （2）目前可能没有任何确定的焦点，行动导向性弱； （3）目前可能没有任何紧迫感和清晰的时间框架	（1）相对反应式，主动预测的成分较问题管理稍弱，但都有主动侦测的特点，尤表现在危机因子侦测和危机信号收集上； （2）对危机事件一般有明确的焦点和目标，须即刻采取行动； （3）对危机事件一般有强烈的紧迫感和清晰的时间周期框架

由上分析可知，灾害管理、突发事件管理与图书馆危机管理是交集关系，这一点得到了图书馆界的专家学者一致认同。争议的集中在于危机管理与风险管理和问题管理的关系上。一些学者认为，风险管理与危机管理是交集关系，风险管理可以作为危机管理的组成部分，用于危机管理的危机因子侦测、危机风险评估、危机预警系统建设等。

到目前为止，部分专家学者提出“由危机管理向问题管理转向、过渡”的观点。要解释这种现象，就要弄清危机管理与问题管理的关系。持上述观点的部分学者认为，危机并不是偶然出现的，只不过是问题积累到一定程度后突然爆发，危机管理的应侧重于危机公关，有许多场合危机管理基本等同于危机公关，危机管理治标难治本。问题管理指的是危机未发生时提前发现问题，未雨绸缪，防微杜渐，防患于未然。而危机管理是危机发生后再采取措施，是一种滞后被动管理，不如问题管理那样具有前瞻性、主动性。显然，此观点将危机管理同危机处理等同起来，忽略了危机管理所具有的危机因子发现、处理、预防以及危机发生后的恢复、评估和改进。从本质上来说，危机管理与问题管理有很多相似的地方。首先，从管理思想上来说，危机管理强调重视预防，同样问题管理的管理思路为“以挖掘问题、表达问题、归结问题、处理问题为核心”，二者是一致的；其次，从管理目的来看，危机管理的目的是将问题与危机消灭在萌芽状态，问题管理同样要求防微杜渐，尽力规避不利风险；最后，从管理流程来看，不管是危机管理还是问题管理都包括侦测、发现、处理、评价、反馈、改进等步骤。但也应该看到，问题管理可以在一定程度上减少危机，但是却不能杜绝危机，一旦危机爆发，问题管理可能失效。除此之外，危机处理及稍后的危机恢复也是问题管理所无法替代的。这些共通性和差异性说明危机管理和问题管理这二者之间并不是替代关系，它们虽然有交叉的部分，但又有各自的侧重点，可以互相借鉴。

3. 图书馆危机管理的内容

国外学者对危机管理的研究起步较早，危机管理理论也比较成熟，这方面的成果有助于我们把握图书馆危机管理的内容。比如奥古斯丁针对图书馆的危机管理提出了六阶段模型：第一阶段为危机的避免，第二阶段为危机管理的准备，第三阶段为危机的确认，第四阶段为危机控制，第五阶段为危机的解决，第六阶段为危机的获利。罗伯特·希思设计了危机管理的 4R 模型：缩减（Reduction）阶段，预备（Readiness）阶段，反应（Response）阶段，恢复（Recovery）阶段。米特罗夫和皮尔森提出了危机管理的 5 阶段模型：第一阶段为信号侦测阶段，第二阶段为准备及预防阶段，第三阶段为控制损失阶段，第四阶段为恢复阶段，第五阶段为学习阶段。另外，《危机管理——当最坏的情况发生时》提出的 5P 危机管理步骤也很有参考意义，即 Perception（端正态度）、Prevention（防范发生）、

Preparation（时刻准备）、Participation（积极参与）、Progression（危中找机）。

（1）图书馆危机管理的基础工作

图书馆危机管理的基础工作是指贯穿危机管理全过程的管理工作，它包括沟通管理、媒体管理、记录管理三方面。

沟通管理由内部沟通和外部沟通两部分构成，管理内容包括沟通的对象、沟通的目标、沟通的原则、沟通的计划和方法等。有效的沟通管理可以能够及早发现问题，帮助组织树立良好的形象，提高组织危机管理的效度。不同的图书馆有着不同的管理模式，这就要求各图书馆要从自身的实际出发摸索出适合自己的沟通模式和方法，尽量避免沟通不畅、沟通失误等情形的出现。

媒体管理的主要内容包括：根据图书馆的需求组建职能机构，安排专业人员作为负责人；确定媒体管理的目标和原则；选拔合适的人选担任新闻发言人并做好新闻发言人的培训工作；收集分析媒体相关报道；对于媒体报道的相关问题及时地进行处理；与媒体保持密切联系，利用媒体发布信息、重塑形象，当发生危机出现不利己方的舆论时，引导不利舆论向利己方向发展；利用媒体向政府表达图书馆的合理诉求等。

记录管理由分类、存档、入库三部分构成，记录的内容包括调查记录、评估记录、计划记录、培训记录、危机事件记录等，记录管理需要及时将结果反馈给危机管理的相关系统。记录管理最重要的作用就是保存，可以保存大量的数据、事实、资料等，这样危机发生之前可以作为危机因子分析的依据，危机发生后可以作为危机决策的依据，事后对危机管理人员的奖惩也需要记录管理为依据，甚至当图书馆与其他机构发生法律纠纷时，记录管理可以作为必要的法律依据。不仅如此，记录管理对于客观评估危机也有着积极的意义。

（2）图书馆日常危机管理

图书馆日常危机管理是指在图书馆日常工作中对潜在的危机因子进行管理，建立危机反应和恢复预案，其目的是预防危机发生，进而将危机事件给图书馆造成的损失降低到最小范围，提高图书馆的危机恢复能力。图书馆日常危机管理的内容包括：指定负责人员、调查评估危机因子、建立危机反应和恢复预案、开展培训演练、建立危机预警系统、进行危机预控。

指定负责人员。由于图书馆很少发生危机，这就导致国内图书馆的管理者几乎没有设立单独的危机管理职能部门。这并不是说图书馆管理者没有危机管理意识，只是图书馆的成本有限，单独设立危机管理部门不仅需要花费金钱而且还要安排专职的人员，容易造成人力资源浪费。我们认为，图书馆的危机管理工作可由图书馆的一位高层领导来兼职，从其他部门抽调合适的人员完成日常危机管理工作。一旦发生危机事件时，可以召集其他部门人员组建危机管理小组，负责危机处理和善后。这样既推进了危机管理进程，危机管理成员又可以进行正常的工作，两全其美。

调查评估危机因子。主要调查图书馆有哪些潜在危机因子，评估这些危机因子有多大概率能够转化为危机事件、发生危机事件会有多大的影响以及危机事件会影响哪些群体。历史发生法和行业对比法是调查评估危机因子最常使用的方法。历史发生法即本馆曾经发生过哪些危机，这些危机产生了怎样的影响，什么样的危机因子导致危机的产生；行业对比法或图书馆行业即相近行业曾发生过哪些危机，这些危机产生了怎样的影响，什么样的危机因子导致危机的发生。定性方法和定量方法也是使用较多的方法，比如头脑风暴法、德尔菲法、危机晴雨表法、现场考察法、数学方法、统计方法、计算机方法等。准确客观地调查评估危机因子是做好危机反应和恢复预案的基础。

建立危机反应和恢复预案。预案又被称为应急预案，指的是针对可能发生的重大事故或者重大灾害，为了能够有高效、有序地开展应急救援行动而预先制订的有关计划或方案，应急预案的目标是迅速开展救援，降低事故损失。在制订预案前，应参照危机的分类方法对可能爆发的危机进行分类，针对可能爆发的危机进行分级，如突出级、关键级、难以解决级等，然后根据危机的特点设立不同的预案。图书馆反映预案必须明确界定危机发生之前和危机发生时各相关人员的职责，如危机发生时应该由谁来负责，需要负责人做些什么、怎么做，处理危机需要哪些资源，等等。应急预案的编制格式和方法可以参考国家发布的《国家突发公共事件总体应急预案》。恢复预案的编制要确定危机恢复对象并明确哪些需要最先恢复、哪些可以暂缓恢复，如何分配资源、配置人员、经费预算，在危机恢复过程中如何对人员进行奖惩，等等。需要注意的是，危机管理预案并不是固定不变的，而是要富有弹性，对备选方案要排定优先次序，当几种危机同时出现时要优先解决关键危机。危机管理预案是一个复杂的工程，需要危机管理人员将危机预案印成文件或手册发给相关人员，围绕危机管理对相关人员进行针对性的培训，从而从容应对各种危机。

开展培训演练。图书馆危机培训的对象不仅包括图书馆高层领导，而且包括普通馆员和读者。培训的方法包括在职培训法、工作指导培训法、授课法、案例法、角色扮演法、行为模拟法、电脑化指导、电教培训、演习等。通过培训演练，增强人们的危机意识，让人们系统掌握危机管理知识，增强应对危机的能力，面对危机的心理素质，发现危机预案中的不足，树立良好的社会形象。

建立危机预警系统。危机预警系统是指组织为了能尽可能早地发现危机的来临，建立一套能感应危机来临的信号，并判断这些信号与危机之间关系的系统。组织对危机风险源、危机征兆进行不断的监测，这样当危机来临的信号出现时，能够及时地发出警报，提醒或个人对危机采取行动。危机预警系统由危机监测子系统、危机评估子系统、危机预报子系统构成。图书馆可根据自身特点选择建立电子预警系统、指标预警系统、联合预警系统等。

进行危机预控。如果预警系统发出了预警信号，就应立即进行危机预控。危机预控的目的是在危机发生前或将要发生时对危机进行处理，及时排除全部或部分危机因子。如果不能阻止危机的发生，那么就要采取措施减少危机爆发造成的损失。危机预控的策略主要有：排除策略、缓解策略、转移策略、防备策略。

（二）图书馆分布式管理

图书馆分布式管理是指根据开放系统的相似性原则，借鉴计算机学科的研究成果——分布式管理系统中所蕴含的管理思想和管理理念，并将之运用到图书管理的实践当中，进而构建与传统管理体系截然不同的分布式图书馆管理体系，从而提升图书馆的管理效率和质量。图书馆分布式管理系统由两个子系统构成，分别是资源分布式管理系统和职能分布式管理系统。

在资源分布式管理系统中，图书馆有两种管理方式：直接管理和间接管理，其中图书馆直接管理的对象是馆内资源，对社会资源以契约方式进行间接管理。

图书馆直接管理的本质就是馆内资源向社会的“集中—分散”过程，可以流向社会的馆内资源不仅包括馆藏的文献信息，还包括图书馆内的工作人员、技术、设备、资金等，常见的流通手段为出租、出借、转让、协作以及共享等多种方式。图书馆间接管理可以归纳为社会资源向图书馆的“分散—集中”的过程，租用、聘用、合作、共享以及争取社会援助是应用最为广泛的方式，进而实现图书馆内的人员、技术、文献信息等馆内资源的合理配置。通过两种管理方式的有机结合，将一切可以应用的资源纳入到图书馆管理体系中，提升管理水平，如图 1-3-1 所示。

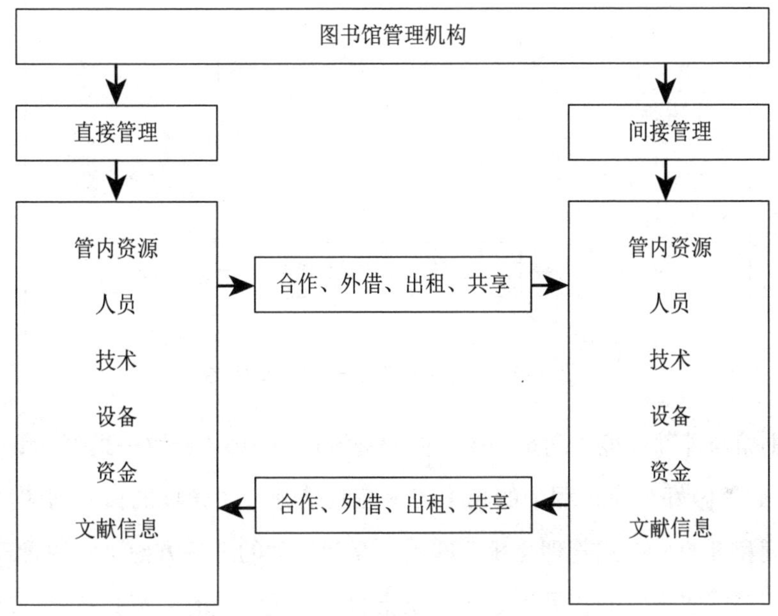

图 1-3-1 图书馆资源分布式管理系统

在职能分布式管理系统中，图书馆的管理方式有两种，一种是直接管理，一种是间接管理。对于图书馆内工作采用的是直接管理的方式，对于社会机构承担的职能以契约方式进行间接管理。图书馆直接管理归纳为“集中—分散”过程，即图书馆为了实现专业化发展，将原有的非核心职能和辅助职能交由相应的社会机构去完成，常用的方式有业务外包、项目合作、后勤社会化等，这样图书馆就可以将精力集中到核心业务中，有助于图书馆节约成本，实现精细化管理。图书馆间接管理从本质上来说就是社会向图书馆的“分散—集中”过程，知识经济时代，图书馆在推动社会经济发展中发挥着日益重要的作用，为了适应社会的需求，图书馆需要不断拓展职能范围，承接更多的社会工作，进而充分发挥信息服务、文化教育等作用，项目合作、有偿服务等是常用的方式。通过直接管理和间接管理的有机结合，在社会范围内实现图书馆职能的重组和优化控制，如图 1-3-2 所示。

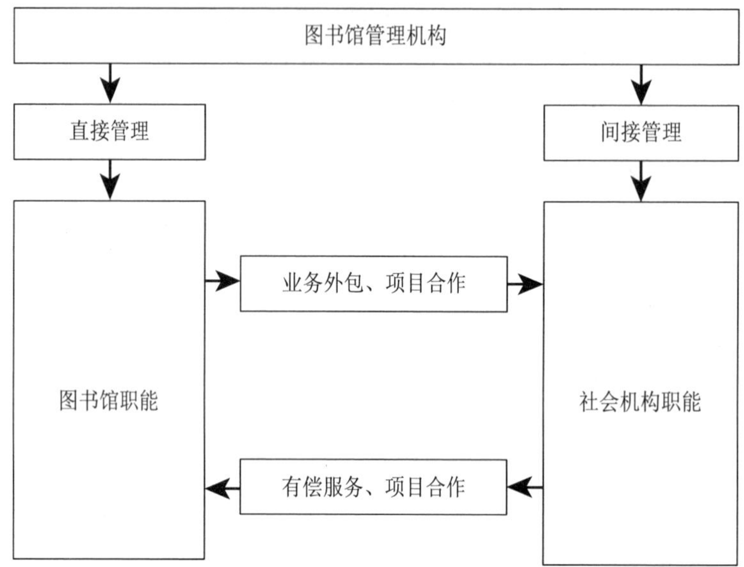

图 1–3–2　图书馆职能分布式管理系统

图书馆与外部环境之间是一个双向的交流过程，即“分散—集中”和“集中—分散”，如何做好交流过程中的集中统一控制是分布式管理的核心问题。职能分布式管理和资源分布式管理是相互联系，互为推动的。一方面，资源管理的目标是帮助图书馆实现职能；另一方面，职能的分布式管理的变革必然会带动资源分布式管理的发展。图书馆分布式管理（图 1-3-3）具有开放性、专业性、共享化、市场化和网络化的特点。

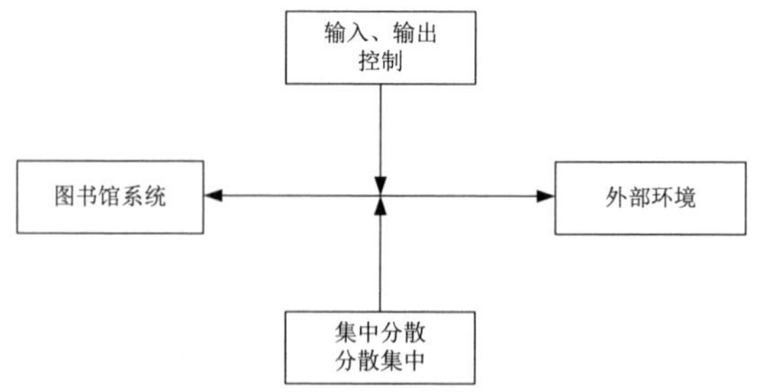

图 1–3–3　图书馆分布式管理系统

（三）图书馆营销管理

营销管理是市场经济领域中的专业术语，随着营销理论的不断成熟，营销管理的应用范围日益广泛，从最初的市场营销向社会营销扩展，营销管理由企业的活动领域向社会中的其他行业和组织中拓展，如现在很多非营利事业组织中在开展活动时也会借鉴营销管理的经验。近年来，营销管理的方法和手段的应用领域不断扩大，如欧美等发达国家的一些医院、学校、教会、政党等非营利性事业组织为了扩大影响力，就经常使用营销管理的方法来设计活动，收到了很好的效果。

图书馆作为典型的非营利性事业组织，自然也可以汲取营销管理理论中的成功经验。图书馆营销管理就是图书馆在组织营销活动时要以读者为出发点，站在读者的角度，运用一定的方法刺激读者需求，强化图书馆与读者的合作，开展个性化服务，不断更新资源，提高图书馆利用率，根据用户需求，营造创新服务的氛围，从而求得图书馆最大的社会效益。

五、高校图书馆微观创新管理

图书馆工作可以分为两大类：一类是信息输入工作，又称文献资源建设工作，即文献的搜集、整理和组织典藏的工作，包括文献的采集、登录、分类和主题标引、编目、文献的组织和保管等；一类是信息输出工作，又称用户服务工作或者读者服务工作，即文献的使用和服务，包括文献的外借、阅览、文献宣传、网络信息导航等。这两部分工作都是完成图书馆任务所不可缺少的，共同构成了图书馆的业务工作体系的主体。图书馆结构与功能框图如图 1-3-4 所示。

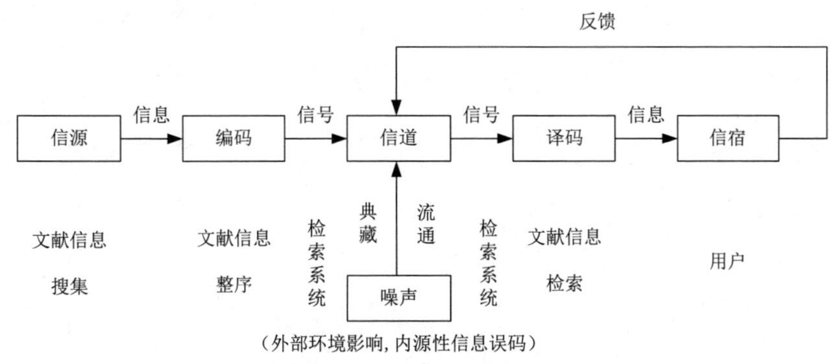

图 1-3-4　图书馆结构与功能框图

高校图书馆管理是一个不断成长的有机体。面对社会的快速发展，民众需求越来越多，如何创造高校图书馆管理在现今社会存在的价值，如何提高用户满意度，实际上依赖于高校图书馆管理人改变传统的观念及做法，不断推陈出新，适应社会环境变迁及用户的需求，运用新科技新媒体，提供创新服务，提供快速、便捷、丰富的资源，才能使高校图书馆管理的存在价值受到肯定，并维持进步、专业的形象。

高校图书馆管理微观创新管理正是针对高校图书馆管理这一发展需求的管理理念，是高校图书馆管理在具体工作内容、工作方法上采取创意的手段，制造馆员积极参与的氛围，提升高校图书馆管理服务创新的能力以及馆员的服务水平的一种途径。它是高校图书馆管理宏观创新管理有效实施的基础和具体表现。高校图书馆管理微观创新管理的手段因馆而异，因时代变迁而不断变革。

第二章　高校图书馆管理创新的理论基础

本章为高校图书馆管理创新的理论基础，主要介绍了高校图书馆管理创新的必要性，高校图书馆管理创新的目的、实质与特征，高校图书馆管理创新的方向与措施三个方面。

第一节　高校图书馆管理创新的必要性

一、适应当前高等教育改革发展的必然要求

我国从 20 世纪末进一步加快和加强了对高等教育体制改革的力度，同时在经过全方位的深入研究和分析之后，出台了一系列的全新措施与政策用于推动和促进高等教育的快速发展，我国的高等教育事业也由此真正地进入新历史时期，并且迎来了大发展和大繁荣的跨时代新纪元。

我国高等教育发展至今，展现出的根本特点之一是我国高等院校在办学多个方面发生了巨大的改变，如体制、规模、效益。我国高等院校无论是在为经济社会发展服务方面，还是在推动与促进我国社会主义现代化的进程方面，所发挥出来的重要作用日益明显与突出。

（一）适应高校合并新形势的现实需要

中华人民共和国成立以后，我国高等院校一共经历了两次大规模的调整。20 世纪 50 年代，我国高等院校出现了第一次大规模的调整。此次大规模的调整主要是受到苏联模式的深入影响，在计划经济的体制下全国范围内大面积的实施与推广。我国高等院校的这次的调整，虽然达到了设定的预期目的，但是无论是整

个实施的过程，还是具体的指导思想依旧和苏联模式存在一定的联系，没有真正脱离苏联模式。同时，在实施之前也没有充分调研我国高等院校的实际规律，最终结果导致我国的高等院校管理体制上出现“条块”分割的现象。

20 世纪 90 年代，我国高等院校出现了第二次大规模的调整，目的是更快、更好地促进与推动我国高等教育的进一步发展，在社会经济发展的过程当中将高等院校的重要独特作用充分发挥出来。并且在对我国高等院校的实际发展规律充分调研和深度研究的基础上，将毛泽东思想与邓小平理论作为根本指导，严格按照“共建、合作、合并、划转、协作”的具体原则在我国全面地实施和开展。对我国高等院校第二次大规模调整的核心与实质是将转化与合并重点突出出来，同时将我国的高等院校“聚合”在一起。

我国的 300 多所普通高等院校在经过第二次大规模调整以后，数量减少到 200 多所，普通高等院校由以前中央部门所属，转变成由地方政府和省政府管理或者共建。与此同时，在经过对我国高校等院校的一系列重组、调整与合并后，使我国高等院校的规模得到了一定程度的扩大，办学的资源和实力得到了非常明显的优化配置与增强，从而促使我国高等院校的综合性特色逐渐显现出来。尤其是在面对第二次高校合并出现的新形势时，为高校图书馆管理带来了现实挑战：合校之后，不同高校在学科设置、专业设置、人才培养模式、具体管理体制、人力资源管理等诸多方面都存在一定差异性。高校图书馆作为高校重要组成部门，肩负着以高质量、高水平的姿态服务全校教学科研的重担。面临合校后的新形势，高校图书馆必须调整管理结构、创新管理途径，按照合校后的新要求不断创新形成适合高校发展的新型管理模式，以更好地发挥自身作用。从这个层面讲，高校图书馆管理创新是从高等院校合校的新要求出发，是为了更好地适应高校合并新形势的现实需要。

（二）适应高校扩招新形势的现实需要

我国高等院校发展进入到快速发展阶段是以 1992 年为起点的。自 1992 以来，我国高等教育的发展速度呈几何式增长，和我国国民经济的增长速度基本上保持同步，甚至还有一些年份超过了我国国民经济的增长速度。

我国高等院校的扩招，从某种意义上来说也代表和彰显了对高等教育事业的重视和关注。一方面，国家对高等教育在社会主义现代化建设中的重要作用有了充分的认识；另一方面，国家也已经对高等教育在快速实现中华民族伟大复兴所发挥的重要作用有了全面的认识和深入的了解。此外，我国高等院校的扩招也在一定程度上为更多想要进一步接受高等教育的学生提供了非常重要的机会。高校扩招在促进国际整体的全面发展，民族素质和公民个人素质的大幅度提升，拉动和促进社会经济增长和稳定的同时，还使得国民教育机会得到进一步的增加等多个方面有着不可忽视的重要积极促进作用和意义。

从另一个角度来看我国高等院校的扩张，可以发现伴随着高等院校的扩招，虽然我国的教育事业获得了发展，取得了不错的成效，但是也带来了很多负面的影响，并且这些负面的影响开始逐渐显露，其中最突出、关键和重大的问题是我国高等院校的办学条件已经达到了饱和的状态，培养模式和教学条件的改革、完善，还没有完全与高等院校扩招的实际要求相适应。

高等院校的发展实际上需要经历一个漫长的过程。随着高等院校的扩招，在较短的时间内高校图书馆的多个方面无法满足其扩招的形式，如自身管理、服务用户质量等，这也导致了我国高校的众多图书馆均出现了拥挤的尴尬局面。在高校扩招的新形势下，高校图书馆既然在较短时间内难以跟上高校扩招步伐，要想完成自身在高校中服务教学科研和广大师生的重要使命，不断提升服务水平和服务质量，必须要加快管理创新，向管埋要效率、向管理要质量、向管理要服务。

（三）适应高校强校战略的现实需要

如果说高校实施扩招政策是为了将高校做大的话，那么实施强校战略的出发点和落脚点在于把高校做强。高校实施合校调整和扩招政策，其直接的影响就是高校在办学规模上迅速膨胀；在面临经济全球化新形势和实现社会主义现代化的新形势下，则必然要求把高校做强，注重办学质量提升和人才质量提升。目前，我国教育界的首要事件就是通过各种方式努力创建世界一流的大学，除了将我国社会发展的客观要求充分地反映出来以外，这还在一定程度反映了经济发展的具体客观要求。

在我国1996—2000年的第九个五年计划（“九五计划”）期间政府发起了“211”工程，发起的主要目的是把我国的100所高等院校努力建设成具有高水平和高水准的相关研究机构。在我国2001年到2005年的第十个五年计划（“十五计划”）时期，除了创建北大和清华等国际一流的高等院校之外，还积极建设了多所高水平的高等院校，同时这些高等院校无论是在国内还是在国外都很知名，广为熟知，因此也称为“985”工程。当前，我国第二期“211”也已全面启动，按照第二批建设目标，我国再从更高层面上支持和建设近百所高校。我国高等教育已经迈入了蓬勃发展、更加注重质量的新时期。很多高校在扩招、合校之后，逐步探索更加适合自身发展的办学体制和办学机制，不断提升办学水平和办学效益。

按照《普通高校图书馆规程》中对高校图书馆所作出的规定，即高校科研工作和教学工作的重要组成部分就包括高校图书馆一系列相关的工作，无论是高校图书馆的建设还是高校图书馆的发展，都应该充分适应高校的建设与发展，并且高校总体水平的重要标志就是高校图书馆的实际水平。在高校强校战略的相关背景下，高校图书馆应该不断加强在管理方面的创新，同时努力实现高校图书馆在多个不同管理方面的创新，如用户服务创新、管理手段创新等，以更好地适应高校实施的强校战略，为高校教学科研工作提供更高质量、更高水平的服务。从这个层面讲，高校图书馆管理创新是从高等院校实施强校政策的新要求出发，为了更好地推动高校实现强校战略而提供更高服务质量、更高服务水平的现实需要。

二、实现自身发展的必然要求

（一）更好地适应外部环境的现实需要

1. 适应外部经济环境的现实需要

随着时代的发展和科技的进步，如今我们已经完全处于知识经济时代，在当今时代知识不仅是国家经济增长的重要来源，还是国家十分关键的生产要素。在知识经济时代，知识业逐渐成为主要产业，其主要由三个行业构成，分别是信息业、科研业以及教育业。众所周知，高校是众多优秀人才培养的重要基地与摇篮，并且在社会当中发挥的作用越来越明显，因此在现代社会中的地位越来越重要。高校图书馆除了在高校占有重要的地位以外，还是高校的重要组成部分，承担着服务高校教学活动和科研活动的重担。从很大程度上讲，高校在经济社会中发挥职能的大小与图书馆密切相关。面对经济全球化大背景，高校图书馆在知识经济时代，怎样快速适应整体经济形势的实际需要、怎样快速通过实现信息技术服务的多元化与数字化、怎样进一步推动和促进所服务的高校培养更高质量和水平的优秀人才是必须要面临的一个重大课题。从这个角度讲，高校图书馆必须加快管理创新，以更好地适应知识经济，适应知识经济对高校图书馆提出的新要求和新挑战，否则高校图书馆必将落后于知识经济时代发展步伐，被知识经济所淘汰。

高校图书馆实施管理创新以更好地适应外部经济环境的需要，还是由近几年来高校图书馆经费紧张的现实所决定的。我国自加入世界贸易组织以来，按照国际通行的知识产权保护相关规定，我国在购买国外文献资源等知识产权的成本较以前大幅增加。自改革开放以来，我国经济呈现稳步增长的态势，国内生产总值以年均 7% 的速度快速增长，但是图书市场上，图书年均价格增长却达到 30%。纵观国内生产年均增长速度与图书年均价格增长对比来看，图书馆绝对购买力是下降的。

高校图书馆管理创新适应外部经济环境需要，是由高校图书馆经费投入相对不足的现状决定的。尽管近年来高校每年向图书馆建设方面投入的经费呈现每年稳定递增的趋势，但是从全国高校整体水平来看，高校图书馆经费投入依然显得力不从心。按照教育部颁布的《普通高校图书馆规程》规定，高校应当拿出教育事业经费的 5% 用于高校图书馆文献资源购置，国内很多高校在图书馆文献资源经费投入方面很难确保达到这一比例。我国加入世界贸易组织之后，高校图书馆经费投入相对不足的情况下，更加加剧了高校图书馆经费紧张的态势。因为入世之后，按照国际通行的知识版权规定，我国在购置国外文献资源，尤其是一些核心期刊、必备期刊等一些质量较高的信息资源，价格较入世前增长了 10～15 倍！在经费投入不足的状况下，一些高校图书馆迫于经费压力不得不推迟或取消国外部分期刊的购置计划。

从以上几点来看，伴随着知识经济时代的到来，高校图书馆在经济社会发展、人才培养方面所发挥的作用愈加重要，高校图书馆的社会地位也逐步提高。然而，知识经济发展也对高校图书馆发展提出了新挑战、新要求。在我国经济快速、稳定发展的同时，受图书市场价值增长和高校图书馆经费投入相对不足等现实因素影响，高校图书馆自身发展面临的困难也较为突出。因此，高校图书馆必须从更好地适应知识经济时代发展角度出发，不断克服诸多不利因素，尤其要加大管理创新，以更好地推动自身又好又快发展。

2. 适应外部科学技术环境的现实需要

伴随着科学技术的飞速发展，高校图书馆在管理过程中大量运用了现代计算机信息技术、网络通信技术和海量存储技术，这些现代化科学技术的使用实现了高校图书馆在管理方式和信息资源提供方式的质的飞跃。数字化、网络化和信息化等高新技术的迅猛发展，极大地改变了高校图书馆在文献资源存储、传递和利用信息的方式。

科学技术的突飞猛进，实现了高校图书馆在网络信息技术条件下呈现出新特征：首先是高校图书馆馆藏的多元化，既注重实体馆藏，又注重虚拟馆藏，由过去传统的片面注重实体资源到现在的实体资源和网络虚拟资源的并重。其次是高校图书馆在业务管理中自动化程度全面提升，高校图书馆无论在采访、编目、典藏、流通，还是在统计、查阅、咨询、情报检索等各个流程和环节，无不体现着高度自动化的趋势。最后是高校图书馆管理的技术环境标准化和规范化程度日益完善，具体体现在文献资源的收藏方面，在现代化技术支持下，高校图书馆全面实现了文献资源的数据库化，借助网络技术、计算机信息技术，实现多个不同高校图书馆文献资源信息共享，极大节约了成本，提高了利用效率；其基础业务建设标准化、规范化、集中化以及网络环境、硬件、软件和技术支持也逐步实现统一化。

科学技术的飞速发展为高校图书馆实现跨越式发展奠定了坚实的基础，科学技术中的计算机信息技术、网络通信技术以及数字化技术已经引起了高校图书馆在馆藏、工作方式和服务方式的革命性变化。然而科学技术日新月异，高校图书馆必须要适应科学技术迅速发展的步伐，不断推陈出新，实现自身管理的全面创新，以更好地运用科学技术更深入、更全面地为实现自身发展服务。同时，需要高校图书馆不断加大对馆员先进科学技术的培训，增加相应的电子计算机的硬件、软件系统及操作人员，图书馆工作人员不断提高专业技术水平，学习新技术、掌握新技术。

3. 适应外部文化发展大环境的现实需要

伴随党和国家层面出台系列文化大发展、繁荣的各项政策措施，我国文化领域呈现出蓬勃发展的良好态势。在我国文化市场日益繁荣的背景下，出版市场也呈现出与日俱增的发展态势，文化市场出版物骤增。

在文化市场发展繁荣的同时，文化图书市场也存在诸多不良现象，例如图书市场竞争无序状态、图书文化市场执法监督缺位、市场混乱等现象也层出不穷，与此同时，文化出版市场的出版物质量也呈现出下滑趋势，各种假冒伪劣产品、盗版产品屡禁不止。

高校图书馆面临的文化环境发生了很大变化。高校图书馆在发展过程中既要看到在国家文化发展、大繁荣政策刺激下文化市场出现的良好一面，积极利用优势，不断为“我”所用，努力丰富馆藏资源、优化服务质量、提升管理效益，实现在馆藏语种、品种、类别、数量的多元化，调整文献资源的结构，改善文献信息采访的技术手段、提高文献采访的质量和效率，为信息用户提供更高质量和更多层次的服务；同时，还要明辨文化市场上的鱼目混珠的现象，避免文化市场的不良因素侵入高校图书馆，尤其是防止引入一些侵权产品、假冒伪劣产品等，切实保护好读者的合法权益，维护读者尊严和现实利益。在这样的文化环境下，高校图书馆必须要加快管理创新，以更好地适应文化环境的，变文化环境的优势因素为自身发展的重要助推力。

4. 满足用户需求的现实需要

高校图书馆作为高校的文献信息资源中心，直接的服务对象就是广大读者，更好地为全校教职员工和所有学生提供便捷、高效、全面的文献资源服务，更好地为高校的教学活动和科研活动提供准确、及时、前沿的信息资源服务。信息技术的飞速发展以及现代化网络技术的广泛应用，广大读者对图书馆文献资源服务提出了新要求，高校图书馆传统的被动化的管理模式已经不能满足新时期读者对信息的需求变化，读者对图书馆提出了更深层次的信息服务要求。

高校图书馆管理创新能更好地满足读者需求，是由高校读者群体以下两方面的变化所决定的。

（1）我国高校图书馆的读者结构随着时代的快速发展发生了巨大的变化。我国高校图书馆服务的读者群体主要包括三个：一是学生群体，二是教师群体，三是高校管理群体。伴随着我国高等教育改革的不断深入，我国高校办学规模、办学层次、办学类型等呈现了多样化的态势。尤其是 20 世纪末、21 世纪初伴随着高校扩招政策和高校合校步伐的加快，一些高校办学层次逐步提高，有的高校同时具备了博士生教育、硕士生教育、本科生教育、专科生教育和成人教育等多种办学资格和办学条件，读者结构呈现出显著的多元化态势。对高校图书馆来讲，面对学生读者群体发生的这些结构性变化，必须要做出全面衡量，针对不同学生结构，必须提供更加具有针对性的服务。合校后，高校办学规模扩大，各个层次的学生读者群体都出现了上升的态势，同时远程教育研修生教育、联办生教育学生数量也逐年增加。

高校图书馆面对合校后学生读者群体数量上发生的变化，必须要加快管理创新，既要满足学生群体对文献资料数量上的需要，又要满足其质量上的需求。作为教师读者群体来讲，按照职称结构又划分为教授、副教授、讲师和助教，不同职称层次的教师对高校图书馆所需求的服务所需求的类别肯定是不一样的，如何更好地满足不同职称层级的教师群体需求，也是高校图书馆管理过程中必须高度重视的一个问题。

（2）高校读者对信息的需求呈现出丰富性和宽泛性的要求。我国高等教育真正迈入快速发展是从 20 世纪 90 年代初开始的。在此之前，受我国高等教育体制影响，高校教学内容变化相对较小，科研活动也不像现在这样活跃，读者对图书馆信息需求主要集中在与教学和科研相关的文献资料查阅方面，并且查阅内容也相对单一，所需信息量也相对较少。

20 世纪 90 年代以来，伴随着互联网技术的引进和信息技术的飞速发展，尤其是我国高等教育改革逐步迈向深水区，高校教学活动和科研活动日益活跃起来，广大读者在对相关科研信息和教学信息有深入了解和认识的同时，也需要对学科实际发展的动态课题探索和研究的重要前瞻信息有更加全面的了解和认识。

同时，我国高校众多优秀的科研人员承担着重要应用领域的研究课题，为了让课题研究的质量有一个较大幅度的提升，除了需要对科学发展的动态有深入的了解和掌握以外，也应该对相关课题研究的趋势有更加全面的掌握和认识，并且这些优秀的科研人员对专题研究信息的实际需求也十分迫切。在对图书馆提供信息的载体方面，既需要实体性的专著和期刊文献资源，也需要大量公开发行的相关资料和非公开出版发行的信息。新的历史条件下，高校读者对信息需求的广泛性和丰富性要求高校图书馆必须要加快管理创新，以更好地满足广大读者的这一现实需求。

（二）更好实现自身内部要素整合的需要

高校图书馆作为高校文献信息中心，承担着为高校教学活动和科研活动提供必要文献资料服务的重要职能，是高校信息化建设和社会信息化的重要承载体。新的历史条件下，无论在宏观经济环境、文化环境、社会环境、科学技术环境，还是高等教育改革、高校读者结构等已经发生了深刻的变化。我们讲，高校图书馆管理创新在很大程度上是为了适应外部宏观环境的变化，以更好地与经济社会发展步伐相一致、与高等教育改革过程相衔接。同时，高校图书馆改革也是为了推动自身更好地发展，不断实现自身管理形态、经营理念和工作内容、工作方法、管理手段的改造升级，以更好地迎合计算技术、现代网络通信技术为核心的信息时代发展的现实需要。

实际上，高校图书馆作为高校文献资源信息中心，与信息技术联系最为密切，同时对信息技术的一系列变化也十分敏感。时代在发展，科技在进步，现如今我们已经完全处于信息化、网络化以及数字化的知识经济时代，高校图书馆也在其深入的影响下，在多个方面发生了巨大的变化，如要素、属性等。如果高校图书馆依然因循守旧，不能从自身找出信息化时代条件下与之相背离的环节，依然我行我素、因循守旧，而不是采取积极主动的态度去探索和创新，那么高校图书馆在高校中的作用和职能也就无从谈起，也必将成为影响高校发展的重要障碍因素。

高校图书馆实施管理创新、更好实现自身内部要素整合，是由以下几方面因素决定的。

（1）高校图书馆传统文献管理模式

很长时间以来，受高校图书馆管理特有体制性因素制约和影响，在管理思想中一直延续着相对分散的文献管理模式；尤其是现在一些体制内高校的图书馆依然严重地存在“小而全”的思想意识。高校图书馆现有的文献资源管理模式在一定时期、一定条件下的确对高校科学研究以及教学活动起到积极推动作用，但是伴随着信息技术时代的到来，高校图书馆文献资源管理模式已经不能很好地适应高校发展需求、不能适应广大读者的信息需求，尤其是在信息网络化推动下，虚拟图书馆、数字图书馆方兴未艾，如果在文献资源管理模式上再不实施创新，那么高校图书馆的生存问题也必将成为一个巨大的考验，实体图书馆也就失去了存在的必要性。

高校图书馆管理创新、改变文献资源管理模式，必须要紧跟经济社会发展的新形势，按照信息时代的具体要求不断变革，逐步摒弃传统条件下“重藏轻用”的管理思维，从推动高校图书馆信息资源共建共享的高度，努力实现文献信息资源的基础性建设，强化信息整合力度，转变服务观念，实现高校文献资源管理的社会化和信息化。

（2）当前高校图书馆馆藏资源变化

馆藏资源就是高校图书馆的生命线，高校图书馆的生产发展以其馆藏资源作为重要物质基础。馆藏资源建设在任何时期、任何时间都被视为高校图书馆发展工作的重中之重。信息技术发展为高校图书馆发展提供了难得的历史机遇和空前的发展空间，在向高校图书馆提供种类繁多和数量巨大的信息资源的同时，也实现了高校图书馆信息来源多元化的格局。在现代化信息技术的影响下，即使同一内容的文献资源，由于所采取的出版形式和所利用的技术手段不同，在呈现方式上体现多样化的趋势。

伴随着各种先进技术的快速发展，虽然出现了很多全新型的载体文献，如网络出版物、电子出版物等，但是缩微型文献、印刷型文献、视听型文献依旧没有被这些新型的载体文献所替代，相反以前的文献出现了增长的趋势和现象。除此之外，新型载体在先进技术的影响下，发展速度呈几何式增长趋势，并且和以前的载体相比有超越的趋势，信息流在互联网上面的增长速度非常快，同时电子出版物的出版量也在互联网的深入影响下大幅度增加。因此，出现了各种不同载体和类型的文献信息，呈现出发展与并存的现象。

面对信息时代条件下高校图书馆馆藏资源发生的深刻变化，高校图书馆必须要敢于创新、必须要积极主动创新，不能故步自封、不能依然享受“体制内”的“温床”。高校图书馆基于自身在高校发展中的重要职能和特殊地位，需要实施全面化和多元化的馆藏资源采集和保存方式，对比较特殊的馆藏进行持续性的有效创新。除此之外，高校图书室也应该注重和强调在外延方面的建设，在建设图书馆馆藏建设的过程当中除了需要把各种新型的资源纳入其中外，也应该把各种网络信息纳入其中，从而使高校图书馆最终形成一个复合型的馆藏资源体系，一方面使虚拟馆藏和实体馆藏相互依存和补充，另一方面使得网络上各种信息资源和传统文献充分地结合在一起。基于信息化条件下高校图书馆馆藏资源发生如此深刻的变化，决定了高校图书馆必须要加快创新步伐，以更加具有特色、更加具有吸引力的馆藏推动自身发展，为高校广大读者提供更加优越的馆藏信息服务。

（3）当前高校图书馆工作手段和工作方法发生深刻变化

高校图书馆管理方法和工作方式在现代化管理学理念的影响下，已经发生了较为深刻的变化，尤其是近几年我国高等教育加快了改革步伐，高校图书馆之间、国内高校图书馆与国外高校图书馆之间的沟通交流日益增多，一些先进的管理方式和工作方法彼此学习、相互借鉴，以便于为高校图书馆全方位改革提供重要的源泉和动力。

高校图书馆随着时代的发展和科技的进步，在采访形式上面产生了很大的变化。高校图书馆能够通过网络免费资源使用、下载有重要价值的信息以及网上书店订购相关的文献等，也能够通过以前传统的方式获取相关文献，如购买、征集等。高校图书馆在编目工作上发生了深刻的变化。在现代化信息技术支持下，高校图书馆编目工作已经基本实现了自动化，并且借助互联网技术实现了馆际之间的合作，传统条件下的复杂化编目工作已一去不复返。高校图书馆在读者借阅管理方面发生了深刻变化。

与此同时，高校图书馆的目录也随着先进的科学技术发生了很大的变化，从以前的卡片式目录，逐渐转化为电子虚拟目录，读者从原来的手工检索资料和借阅的手工操作，逐渐转变为电子资源导航和计算机管理方式的续借、还回等。我国高校图书馆当前均已经配备了服务器和计算机，并专门组建了高校图书馆局域网，以一种非常巧妙的方式和外网、校园网有机连接在一起。高校图书馆在先进技术的深入影响下，其工作方式从原来的手工方式，逐渐转变成网络化、电子化以及自动化方式。我国高校图书馆转变的程度虽然水平不一，各有差别，但此种转变的趋势是不可逆转的，是时代发展潮流的趋势。因此讲，基于高校图书馆工作手段和工作方式发生的以上深刻变化，更加需要自身不断整合先进的工作手段，以更好地提高工作效率，更好地发挥自身职能。

（4）当前高校图书馆人力资源管理发生的变化

知识经济时代条件下，人才资源是第一资源，任何行业、任何领域的发展都离不开人才。同样，知识经济为高校图书馆发展带来难得历史机遇的同时，也为其深入发展带来的了巨大挑战，其中挑战的最主要、最直接的来源之一就是人才。当前各个高校图书馆均不同程度地存在专业技术人才缺乏、现代化高水平的网络信息技术人才难以引进、图书馆馆员整体素质有待于进一步提高。

纵观当前高校图书馆管理层，真正具有科班出身的具有工商管理硕士或公共管理硕士学位的专门管理人才凤毛麟角。除此之外，一些高校图书馆整个人力资源队伍中仍然存在丝毫没有图书馆管理专业背景的人员，不少馆员缺乏专门的职业图书馆馆员素质和图书馆管理素养。造成这种局面的原因既有历史方面，也有现实方面，在这里简单做一下分析。原因一：一些高校合并后遗留下的人员冗余问题，这些岗位冗余人员从事不了高校教学科学及相关管理工作，不得不安排进图书馆工作。原因二：一些高校为了引进具有高学历层次的人员，为了解决其配偶工作问题，将他们安置进图书馆。随着全球化趋势的不断加深，我国和世界各个国家在经济、文化等多个方面的联系不断加强，这些均在一定程度上促进了我国知识经济的快速发展，同时除了对我国高校图书馆全体员工的整体结构质量提出了比以前更高的要求以外，还对其员工在知识、素质以及能力方面提出了更高的要求。另外，高校图书馆思想意识方面的观念也在知识经济的影响下发生了变化，高校图书馆全体员工对相关工作寄予了期望，他们期望高校图书馆不仅可以满足自身各种不同层次的精神需要，还期望可以充分满足自身各种不同层次的实际物质需要。

基于高校图书馆在人力资源管理方面的状况，必须要加快管理创新，积极探索一条适合高校当前人力资源管理现状的发展路径，以更加积极、有效地调动高校图书馆馆员的工作积极性和工作热情，充分发挥人才资源在高校图书馆发展过程中的特殊作用，以更好地推动高校图书馆自身又好又快发展。

我国的高校图书馆只有随着时代潮流的步伐不断地创新，对图书馆内部的关键要素进行一系列的整合，通过积极运用各种先进的现代技术，高校对图书馆实行更加科学化的有效管理，同时通过各种方式努力提升图书馆业务服务水平，以及业务工作效率和质量，尽可能地满足各个不同读者的各种实际需要，从而为高校的科学研究以及相关教学工作提供有效的文献信息保障，只有这样才可以将图书馆的重要职能充分地发挥出来，高校图书馆存在的重要价值性充分地显现出来，高校图书馆也才可以获得更快、更大和全方位的发展。

第二节　高校图书馆管理创新的目的、实质与特征

一、高校图书馆管理创新的目的

（一）适应和满足社会发展需求和高校发展的现实需要

高校图书馆在高校教学科研中发挥着至关重要的作用，作为高校重要组成部分，其管理创新必须要紧紧围绕高校中心工作、围绕高校图书馆自身发展规律，以更好地推动自身发展、更好地服务高校教学科研等各项工作。高校图书馆在适应高等教育发展的同时，必须坚持全面开放，努力与社会接轨，并伴随社会的发展不断改革创新，努力实现自身在结构和功能方面得到社会公众的认可。

从这个层面来讲，我国的高校图书馆在设定管理创新目的的时候，应该从服务社会的高度来进行，充分按照高校图书馆自身的特点，以及我国高等教育发展的实际规律，对现代化信息技术在高校图书馆的充分运用进行全方位的综合考虑，

同时也因为时代的进步和科学技术的发展，使读者对高校图书馆的功能需求产生一定的变化，所以高校图书馆也应该充分围绕这一变化发展的趋势。

（二）实现自身资源优化整合，提升图书馆管理运行机制的科学性

新的历史阶段，信息组织网络化和信息服务社会化已经成为当前信息时代的重要特征，信息技术和信息服务已经不可避免地成为推动高校图书馆发展进步的关键要素。高校图书馆管理创新，还必须从当前信息技术时代需求出发，通过管理创新更好地推动高校图书馆运用现代化管理思想和管理理论、采用现代化的信息技术手段、科学有效的管理方法对图书馆资源进行有效整合，提高资源利用效率，实现高校图书馆管理系统综合效益和服务质量的全面提升。

从这个层面讲，我国高校图书馆管理创新的最终目的是在充分符合图书馆整体环境系统运行相关规则，与高校图书馆系统内在联系相符合，以及对高校图书馆管理规律严格遵循的重要基础上面，对高校图书馆系统整体优化控制的相关方法、原理，以及原则进行精准和准确的把握，同时通过各种方式努力实现对高校图书馆系统的最佳控制实践过程，从而真正实现高校图书馆管理的科学化，让高校图书馆运行功能、运行机制，和社会、高校自身的发展保持密不可分的紧密联系，将高校图书馆为高校教学和科研的服务功能充分地展现出来，从而真正让高校和高校图书馆两者之间形成良性的循环关系。

二、高校图书馆管理创新的实质

知识经济条件下，高校图书馆要想更加充分、更加彻底地发挥自身功能和作用，必须在管理过程中实施全面创新。管理创新是高校图书馆适应新形势、实现自身长远发展的必然举措。

在分析高校图书馆管理创新的实质之前，先介绍一下创新对经济社会发展和民族进步所发挥重要作用的典型国外案例和研究成果。日本在 20 世纪 80 年代经济迅速崛起，与西方发达资本主义国家经济相对低迷和发展缓慢形成强烈的对比和反差。一些西方学者在实地考察了日本经济社会发展模式之后，将日本的迅速崛起归功于技术立国和科技创新，尤其是日本政府实施的国家创新战略和企业

较强的技术研发与创新能力，从某种意义上来说这也是日本经济快速发展的重要核心与关键所在。因此，部分西方国家的众多优秀学者在此基础上提出了“国家创新体系概念”，并且该概念的主要内涵是技术创新，之后对创新体系的研究和探讨，国外的众多优秀学者一直没有间断过。伦德华尔于1992年发表的《国家创新体系，一种创新和交互学习的理论》全面阐述了创新对一个国家和一个民族的重要性，呼吁全球各个国家要重视创新，发挥创新在经济社会发展中的重要作用[①]。

通过上述案例可以看出，创新不仅在国家层面对一个国家、一个民族的发展具有无穷的动力，而且小到一个企业、一个微型组织也必须要创新。世界范围内对创新的研究已经到了非常成熟的阶段，在理论研究、实践经验和成果转化方面对当前我们开展的各项创新提供了必要的指导。

对于高校图书馆而言，纵观国内外图书馆发展历史不难发现，每一次图书馆的发展进步都与创新息息相关，始终伴随着图书馆自身管理的创新步伐而进步。中华人民共和国成立以后我国的图书馆事业发展速度非常快，主要原因是对以前封建藏书楼式的管理思想制度进行了否定，也对封建藏书楼式背后的原则和理念进行了及时的否定。除此之外，新中国成立以后形成的管理原则和管理思想，虽然在计划经济条件下对图书馆业绩、图书馆结构等进行了塑造，但是这些管理原则和思想在市场经济条件下已经失去了原有的活力，同时经过时间的发展逐渐形成了现今图书馆管理创新的全新对象。

综上所述，笔者认为高校图书馆管理创新的实质在于，全面运用国内外先进的创新实践经验，以及灵活运用国内的创新理论思想，同时在对高校图书馆传统优良经验有效继承与发扬的重要基础上面，着重审视和客观思考当前高校图书馆在管理过程中存在的弊端和不利因素，积极运用现代化手段和现代化技术实现我国高校图书馆管理形成新环境、新思想、新制度、新方法。

---

① 巩建华．知识经济概论［M］．兰州：甘肃人民出版社，2002.

三、高校图书馆管理创新的特征

（一）信息技术条件为支撑的创新

信息时代背景下，高校图书馆作为文献资源的聚集地，拥有丰富而宝贵的信息资源。高校图书馆在信息技术条件下，完全承担了知识与信息的获取、加工、传输、储存、使用的重要功能，使信息和知识作为重要资源和宝贵财富的这一本质特征诠释得淋漓尽致。高校图书馆无论是实现自身发展，还是对信息资源进行有效整合，都离不开强大的信息技术条件，其作用和职能的发挥与信息技术条件不可分割。

高校图书馆无论在信息资源生产、优化组合、提供服务方面都离不开信息技术条件。高校图书馆无论在藏书结构调整、系统自身高效规范运转、文献载体优化升级、用户系统服务等各个环节都无不体现着现代化信息技术的身影。传统模式下的高校图书馆相对封闭单一的借阅模式已经被信息技术条件下借阅合一的方式所取代。

信息技术条件下，已经引起了高校图书馆管理方方面面的改变，在管理模式上愈加向注重依托互联网技术实现馆际之间的资源共享，“虚拟馆藏”不可避免地成为今后高校图书馆发展的重要趋势之一，馆际信息的相互交换和相互合作，与以前相比变得更加频繁，并且资源之间的相互共享也已经不再是馆际之间的构想。高校图书馆通过各种优势，如检索简便、传递快速等，为不同的读者提供更多、更全面的信息，从而为信息化的管理发展以及知识经济时代，营造和打造一种最佳的扩充信息环境。也正是因为如此，我国高校的图书馆管理创新的一个主要和重要特征是完全以信息技术条件作为重要支撑的创新。脱离了信息技术条件，高校图书馆在信息技术时代背景下的发展，必将成为无源之水、无本之木，也必将难以适应高校发展的规律、难以发挥自身特有的功能和作用。

（二）更好地适应网络化管理新趋势条件下的创新

伴随着20世纪互联网技术逐步传入我国以来，其在短短时间内以异常迅猛的速度强势崛起，电脑技术日益普及，应用行业日益广泛，为实现我国顺利跨入信息技术时代奠定了坚实的基础。以网络化发展为背景，传统条件下的大规模生产和管理方式不可避免地要被迅速高效的网络化信息技术和服务模式所取代，逐步实现知识传递、管理模式和手段的信息化、现代化，建立高效、灵活的社会信息网络格局势在必行。

高校图书馆作为文献资料的巨大宝库，其信息技术资源管理不可避免地要与网络化接轨，成为整个互联网环节上一个重要节点，尤其是当前在我国已经形成网络信息高速公路的条件下，高校图书馆管理已经难以逃避网络化的大趋势，必须要积极主动地实现管理创新，将自身管理与运行纳入到网络化环境中去，否则高校图书馆难以摆脱被淘汰的命运。从一定意义上讲，我国高校图书馆面临的最大挑战是怎么样更好、更快地有效适应网络化管理的全新趋势。

所以，对我国高校图书馆的管理创新从实际上来说，是为了将更快、更好地适应网络化管理趋势的特征充分地突显出来，努力向对现有文献信息资源巨大潜力进行深入挖掘和探索的这一方向发展，通过进一步加快网上数据更新的方式使不同用户的需求得到充分的满足，从而在现今知识经济时代通过对网络建设的促进和推动，使我国高校图书馆的管理水平得到一个较大幅度的有效提升和发展。

（三）突出了更好地适应知识经济社会发展

知识经济较以往任何一种经济形态都表现出它自身的特殊性，是建立在知识基础上，通过对知识进行存储与学习、使用与创新来赢得现实生产力，推动经济社会的发展，知识经济已经成为当前我国经济社会发展的引擎。高校作为知识与智力宝库，作为人才培养的重要摇篮，与知识经济发展更是密不可分。高校图书馆在服务高校教学科研的同时，也是在服务人才培养工作、在间接地推动知识经济的发展。

从这个层面上讲，高校图书馆在知识经济时代所处的地位和发挥的作用尤为明显。一方面，知识经济发展条件下，对高校图书馆的地位、作用形象、知识信息和经济价值开发产生深远的影响；另一方面，高校图书馆通过自身管理创新又反过来推动了知识经济的进步与发展，其管理的每个环节、每个步骤，其创新的主要目的、实质特征都是紧紧围绕着为知识经济发展服务。

当前，知识经济时代知识创新的重要和关键力量之一是高校图书馆，并且高校图书馆随着知识经济时代的发展，已经逐渐成为高校联系知识经济发展的关键桥梁和中介，在为高校知识创新提供的信息基础上面，高校图书馆管理创新进一步突出了，更快、更好地全方位适应知识经济社会的快速发展。

（四）实现自身对各种资源进行设计、发展、整合和高效利用的创新

无论是适应信息技术时代发展需求也好，还是适应网络化条件也好，知识经济时代下，高校图书馆实现自身管理创新意味着高校图书馆面对复杂多变的环境和日新月异的知识经济竞争，必须进行积极的探索，不断开创在制度管理、方法手段、信息安全管理、系统优化管理、人力资源管理、用户需求管理等方面，对自身所控制的各种资源不断进行设计、发展、整合和利用。

（1）高校图书馆管理创新对资源进行有效调整和整合过程中，将高校图书馆多层面性的特征充分凸显出来了，主要包含了三个不同的层面：一是空间层面，二是资源层面，三是工作层面。其中，资源层面管理创新主要是对相关资源进行及时的优化组合，体现出高校图书馆在财务管理、物质资本管理以及人力资源管理的高效利用。在工作层面的创新，主要突出在图书馆管理政策决策、具体制度执行以及实际操作等层面上。对于高校图书馆来讲，既然要实现管理创新，不可避免地要出台系列政策与措施，需要管理决策；在管理决策出台之后，还必须要有具体的执行机制作为保障，再进行层层分解，将决策予以操作落实。因此，在工作层面上，又体现了高校图书馆管理决策、执行与操作的层次性。三方面的层次具有严谨的逻辑关系，彼此依赖，不可或缺。在空间层面，高校图书馆管理创新，无论是国内重点高校的图书馆，还是普通高校的图书馆，不论是省属、部属高校，还是地方院校，都在新的历史条件下着手进行管理创新，以更好地适应知识经济发展，推动图书馆自身所服务高校的发展。高校图书馆在管理层面上将多层面的相关特征充分地展现出来，从实际意义上来说是高校图书馆从不同的维度和层面所进行的创新实践。高校图书馆的多层面特征，对进一步丰富与发展高校图书馆管理创新的相关实践与理论是非常有益的。

（2）高校图书馆管理创新对资源进行有效调整和整合过程中突出了全方位

性和全员性特征。高校图书馆管理创新的全方位性是立足多层次性，涉及多个不同方位，如管理方法、发展战略等。在高校图书馆管理创新中确定具体的方位之后，就不可避免地要涉及管理的每个岗位，也就是管理创新中的全员参与。全员参与，既需要高校图书馆工作人员的齐心协力，还需要广大用户的积极参与，凸显出管理创新全员参与、创新成果全员共享的重要特征。

（3）高校图书馆管理创新对资源进行有效调整和整合过程中突出了持续性和连贯性特征。高校图书馆管理创新，最终的支撑保障在于创新的技术手段和制度保障；高校图书馆管理创新的这一特殊性对其创新行为影响极为深远，在实践过程中必须予以高度重视。其创新实践中，所兼具的技术创新、制度创新两大行为的特征，决定了图书馆管理创新行为的持续性和连贯性。从过程上看，图书馆管理创新不可能一蹴而就，无论是建立何种制度保障机制、采用何种先进技术手段支撑，都必须在一个较长的过程中得以实现。图书馆管理活动作为创新与持续的动态过程，想要真正地做好管理应该实现创新和维持的最优组合。其中，管理机构、服务内容等均是高校图书馆管理创新持续性与动态性的主要表现。

（4）高校图书馆管理创新对资源进行有效调整和整合过程中突出了不可重复性的特征。高校图书馆管理创新具有自己的特殊性和自身发展的规律，不像一些科学技术，是通过一些重复性的实验可以反复进行的。高校图书馆创新沿着一定的轨迹，是一个逐步深入推进的渐进过程，这个过程也体现出单向性。在这一过程中，如果创新工作没有把握好，那么对于高校图书馆来讲，其管理很有可能就称不上是创新，其前期所做的管理创新工作效果也难以保障，要么效果不明显，要么宣布失败。一旦管理创新过程把握科学，符合高等教育发展规律、符合高校图书馆发展规律，方法制度运用得当，各项创新机制保障得力，其创新才谈得上成功。

第三节 高校图书馆管理创新的方向与措施

一、高校图书馆管理理念的创新

（一）管理理念创新的重要性

所有管理创新活动的重要前提，是对管理理念进行一定的创新。人类社会结构的变迁、人类关系文明形式的改善、持续涌现的精神与物质财富等，均应该从人的理念以及相关观念创新中，通过各种不同的方式努力地寻找其根源，尤其是管理者的创新理念显得更加重要。由于长期受到“藏书楼”传统观念的深入影响，我国高校的图书馆长时间以来在管理思想方面重内轻外、重书轻人以及重藏轻用。除此之外，这些传统的观念严重阻碍和束缚了高校图书馆的全面发展。众所周知，人们的行为是被思想指挥着的，高校图书馆想要生存、发展以及创新，需要对思想观念进行更新和改变，只有这样高校图书馆才可以快速适应知识创新与未来图书馆事业全方位发展的需要。

随着时代的发展和科技的进步，我们已经完全处于信息时代，并且 21 世纪的信息时代发展速度不断加快，因此一位优秀的管理者应该积极树立科学、合理的创新意识，将以前旧的传统大胆地突破。同时，在制定相关管理模式和发展策略的时候，除了需要充分按照高校图书馆发展的客观规律以外，也应该进一步按照在全新的知识经济时代对图书馆在高校当中的各种实际需求。另外，对于无法充分适应的相关管理机制，应该进行大胆的改革和创新，图书馆的管理者需要保持深入学习的持续性，并且在不断学习的过程当中对其进行不断地改进、完善和调整。

（二）管理理念创新的原则

第一，系统原则。该原则主要指的是将图书馆的所有工作作为相互补充和关联的有机整体。管理从某种意义上来说是实现目标的一个具体过程，系统性原则要充分围绕这一既定目标，对图书馆系统财、人以及物进行合理的有效分配，从而让图书馆系统可以更加协调健康有序地运行，将其最大效能充分发挥出来，从而最终达到图书馆设定的预期目标。

第二，发展原则。该原则主要指的是随着时代的发展，管理思想也应该作出相应的改变和变化，并且在经过改革之后快速适应外部环境的各种不同要求。伴随着时代、社会的进步和科技的发展，图书馆想要真正对传统封闭的观念进行转变，无论在时间、空间，还是在服务方式和内容上，都应该积极树立正确全方位的开放观念。在传统的管理时代传统经验管理的思想虽然与其相适应，起到了良好的积极性作用和成效，但是随着知识经济时代的到来，在对高校图书馆管理的过程当中完全依靠经验管理是无法将管理的效用充分发挥出来的，甚至传统的管理思想，还会在一定程度上严重制约和束缚现代图书馆的快速发展。也正是因为如此，管理思想应该随着外界环境的变化，不断地做出相应调整和改变，对全新的形势进行深入的研究和探索，同时对全新的经验进行不断的总结，最终获得和外界环境完全相适应的全新高校管理思想。

第三，信息性原则。该原则主要指的是对全新的内容和情况进行持续性的有效吸收，通过各种方式努力丰富思想内涵。高校图书馆在对管理理念创新的时候，要重视和全面掌握新信息，并且将这些新信息努力地为已所用。与此同时，应该将传统闭关自守的思想摒弃，通过各种方式积极和外界取得沟通和交流，从而真正把图书馆全面融入实际的社会生活当中。

第四，效益性原则。该原则主要指的是注重和强调经济与社会效益的有机结合与统一。高校图书馆在计划经济体制下“要、等、靠”的思想非常严重。因此，高校图书馆在市场经济体制下迫切需要解决的问题，是将经济效益与社会效益统一起来。使管理效率得到较大幅度的提升，从而获得社会与经济效益的有机统一与结合，这是高校图书馆管理思想创新的最终目的。

第五，竞争性原则。市场经济的最终产物是竞争，竞争在社会主义市场经济体制下的社会当中体现出不同的方面和层次。因此，对图书馆来说，优胜劣汰也同样适用。高校图书馆在管理的过程中假如没有竞争意识，不仅在市场经济体制的环境下很难获得有效的全面发展，甚至还无法在市场经济体制的环境中生存下去。

（三）管理理念创新的方式方法

1. 从一般化建设向特色化建设转变

高校图书馆在网络时代，想要真正地对管理理念进行创新，需要摆脱以前传统的小农经济思想，从宏观的层面对资源建设问题进行综合考虑，将资源建设建立在共建与合作的重要基础上面。在整体分工的相关基础上，高校的各个图书馆应该不断加强在资源方面的特色化建设，从而使高校图书馆经费短缺的问题得到有效解决的同时，实现真正意义上的共享。

2. 从重拥有向重存取转变

众所周知，存取的重要基础与前提是拥有。没有拥有，就没有存取。随着时代的发展和科技的进步，现如今我们已经完全处于网络时代，因此不仅应该注重和强调资源在特色化方面的全面建设，也应该努力将图书馆的相关存取功能重点突出出来。原因在于存取是图书馆事业的本质所在，具体而言无论是知识还是信息，都被用户所利用，用户不会在乎信息的获得过程和方式，以及从哪里获得。大部分的图书馆资料在 21 世纪也将根据需要通过电子或者印刷的形式得到广泛的传播。同时，图书馆的馆藏也将由存取能力来界定。

3. 在图书馆的发展途径上创新

伴随着时代的发展和科技的进步，我们已经完全处于信息时代，高校图书馆在信息时代虽然得到了快速的发展，但是也遇到了很多的困难和挑战，其中我国高校图书馆当前面临的挑战主要有两个：第一，是网络的快速发展以及广泛普及，产生了很多虚拟和电子图书馆，这也向传统的图书馆提出了非常严峻的挑战。第二，在 21 世纪信息时代，各种先进的信息技术发展速度更快，网络化也使人们无论在哪一个网络节点，都可以非常快速、方便地获取想要获取的相关信息，大量的社会信息机构源源不断地涌入信息服务领域。高校图书馆作为信息服务行业的组成部分，在 21 世纪的信息时代也将会处于充满巨大压力与竞争的环境当中。

高校图书馆在此种情形和局面下，应该努力将发展观进行有效的转变，积极树立正确的协作和竞争思路，通过各种不同的方式努力克服传统图书馆各自封闭和独立的办馆模式。与此同时，将图书馆事业作为整体来对待，实现跨部门和跨地区的相互协作，高校之间建立起高校图书馆联盟，不断加强相互之间的合作，从而使我国高校图书馆可以真正走上共同发展的正确道路。

4. 在图书馆的职能与功能认识上创新

高校图书馆应该充分按照我国重新修订的《普通高校图书馆规程》的具体要求，真正做到全面贯彻国家制定的一系列教育方针，积极履行信息服务职能的同时，也履行其相应的教育职能。为快速培养德智体美等全方位发展的优秀人才、努力推动和促进教育科学文化事业的发展、积极建设社会主义精神与物质文明服务。

在内部环境条件和外部环境条件持续变化的形势下，高校图书馆想要将这一职能彻底地履行好，需要建设一个可以充分根据内部环境变化，以及外部环境变化进行及时有效调整的相关组织，充分发挥图书馆全体员工的重要创新能力。高校将图书馆办成一个学习型组织，是高校管理者的全新思路之一。高校管理者需要明确，创造条件充分发挥图书馆全体员工的重要创新能力是高校图书馆的一个非常重要的职能。

高校图书馆管理者既是参与者与创造者，又是激励者与领导者。高校图书馆管理者应该为图书馆全体员工创新能力的充分发挥创造各种有利的条件，最大限度地减少与消除在创新过程中遇到的不同障碍与问题。与此同时，高校图书馆管理者自身也应该努力地追求创新。在高校图书馆管理活动的过程当中也会遇到很多全新的问题和挑战，此时要通过创造性的思路来解决遇到的全新问题和挑战。高校图书馆的管理者只有对全新的管理方式与方法进行积极主动的探求，高校图书馆的发展才会有全新的活力、源泉和动力。

二、高校图书馆管理战略的创新

（一）重视高科技发展战略

图书馆在工业化阶段，通常情况下是依靠传统的服务使高校读者的各种要求获得满足。衡量图书馆水平的重要指标之一是图书馆的馆藏，这也导致图书馆形成了重书轻人和重藏轻用的错误观念。随着时代的发展，高校图书馆在知识经济时代属于信息机构的范围，高校图书馆在此影响下，在信息行业中面临各种各样的激烈竞争。

如今，人们因为信息技术的革命，以及以通信网络和计算机技术为重要核心的高新技术的广泛应用，无论在获取信息知识的手段，还是在获取信息知识的相关渠道上，都有了非常大的发展与进步。同时，也出现了很多的信息咨询公司、机构等，用于满足各种读者的不同信息需求，这在一定程度上对高校图书馆形成了非常强烈的冲击与威胁，导致读者对高校图书馆的依赖性有所降低。

人们通过互联网直接获取信息，此种非常直接的途径，对高校图书馆员工的传统角色提出了一定的挑战，信息技术的革命以及以计算机技术为核心的众多高新技术的广泛应用，虽然导致高校图书馆管理环境产生了一定的变化，但是也为高校图书馆的发展带来很好的机会。高校图书馆战略管理不仅强调和注重审时度势和统揽全局，还对长远谋划极为注重，因此应该积极、主动地迎接未来遇到的各种困难和挑战。高校图书馆除了需要把高科技发展作为战略规划的关键因素，也应该将之作为战略制定的重要因素，不可忽视。

（二）高校图书馆战略逻辑创新

所谓的战略逻辑主要指的是在对战略进行具体设计的时候用怎样的逻辑思维进行全面的综合思考。高校图书馆管理者具有创新的战略思维之一，是高校图书馆可以紧随外界环境变化和内部环境变化，充分满足各种不同读者具体要求的一个主要原因。高校图书馆的管理者可以充分按照图书馆外部环境，以及高校图书馆自身发展的特点，灵活运用不同的逻辑对战略进行更好、更快的设计。

管理者在创新的时候应该善于对当前的战略逻辑进行清晰的辨识，敢于并且大胆地向战略逻辑提出挑战，综合全面地思考具体战略制定以前对行业做出的相关假设，同时对战略焦点进行全面的综合考虑。

管理者在制定战略的时候需要注意以下四个问题：一是，消除行业当中的哪些要素；二是，在高于行业标准的时候，哪些要素更加有成效；三是，在低于相关行业标准的时候，哪些要素会更加具有价值；四是，哪些要素是当前迫切需要增加的，需要注意的是行业以前从未提供过的。管理者通过以上四个问题，能够及时发现战略逻辑当中存在的各种不足之处，以及逻辑战略中出现错误的地方，同时对战略逻辑进行及时的完善和调整，最终使管理战略逻辑实现真正的创新。随时保持全新的思维方式是战略创新的最终追求，在全新的思维方式下面对战略进行设计，可以促使和推动高校图书馆快速适应环境的不断变化，随时为读者提供更好的服务。同时，为各个层次的读者提供更加高效的产品，使这些读者的不同需求得到充分的满足。其中，传统逻辑和战略创新逻辑存在很多的不同，如表 2-3-1 所示。

表 2-3-1　战略创新逻辑与传统逻辑的比较

战略的五个要素	传统逻辑	创新逻辑
行业的假设	行业的条件是给定的	行业的条件是可塑的
战略的焦点	巩固自我优势，目的是提供好的服务，并在同行业中处于领先	保持领先地位不是基点，在增加价值量的过程中增加图书馆在读者心目中的地位
读者	保持和扩大服务对象——读者	目标在大多数读者，焦点在于读者需求中共同的部分
馆藏与设备	保持现有的馆藏和设备	不应被现有的馆藏和设备所限制，应思考如果重新建设会怎样
提供的服务和人员	行业的传统界限奠定了图书馆提供服务，目标是服务尽可能满足读者需求	根据读者的要求提供服务，即使要求超越了行业的传统界限

（三）高校图书馆战略创新的原则

1. 先进性原则

高校图书馆由于属于服务性行业的范围，高校图书馆面临激烈的行业内部竞争，在满足用户需求信息的同时，只有达到了社会的平均水平才可以生存，同时也只有超过了社会的平均水平才可以得到快速的发展。高校图书馆在全面实施战略管理之后，即便在充分满足不同用户需求的水平方面取得了不错的进步和效果，只要没有达到平均水平，同样会面临被淘汰的命运。与此同时，由于非常激烈的行业内部竞争，平均水平并不是一成不变的，也会随着激烈的竞争得到持续的发展。因此，高校图书馆战略管理在追求和设定的目标的时候，应该将比平均水平更加先进的内容包含其中，只有这样高校图书馆才可以生存和发展。

2. 环境适应的原则

一个成功的图书馆战略管理，对图书馆和所处内外部环境的互动关系是非常注重和强调的，其最终目的是让图书馆可以快速适应环境的变化，甚至是利用和影响环境产生的变化。图书馆应该对内部环境和外部环境的一系列震荡变化进行及时的有效监督和扫描，以便于可以找出内外部环境中的诸多优劣势、威胁以及机会，将它们之间存在的关系理清，并将其作为重要的依据，提出全新的战略计划。

3. 全过程管理原则

高校图书馆的管理战略想要获得成功，必须在经过全面的综合考虑之后，制定适合图书馆管理战略，并且全方位地实施图书馆管理战略，同时也要不断地检查和提高图书馆管理战略。从管理学的层面来看，通常情况下将 PDCA 作为完整的过程，进行科学、合理的管理，并且只要忽视其中一个阶段，高校图书馆就无法获得真正有效的战略管理。简单来说，图书馆战略计划再好，假如没有实施或者没有合适的条件实施，就没有任何意义。图书馆战略管理需要具体的实践来对其进行相应的检验，假如没有检查与评价图书馆战略管理，也就无法及时发现图书馆战略管理中存在的诸多问题，错误的图书馆战略管理无法将生存与发展的问题进行有效的解决，同时对图书馆管理也存在很多不利的影响。除此之外，仅仅发现问题或者是只对发现的问题提出一些批评意见，是无法真正地将图书馆战略管理中存在的问题解决的，还需要提出全新的有效对策才可以。综上所述，高校图书馆管理战略只有实施完整过程的管理，最终才可以取得不错的预期效果。

4. 整体优化的原则

一个成功的图书馆战略管理是将图书馆作为完整的整体，对其进行科学、合理的有效管理，其最终目的是使图书馆的整体优化程度得到较大幅度的提升。图书馆战略管理通过对图书馆目标、宗旨、策略以及重点的制定，从而进一步协调各个单位和部门之间的活动，最终使部门和单位之间形成合力。需要注意的是，高校图书馆战略管理的优化应该是能动和积极的。针对高校图书馆比较落后的某一关键部门，应该积极主动地寻找和探求资源的结构重组，以便于使高校的图书馆战略管理快速实现高水平的整体优化。

5. 全员参与原则

高校的图书馆战略管理一方面需要图书馆全体员工的支持与参与，另一方面也需要图书馆高层管理者做出正确的决策。具体而言，高校图书馆高层管理者的主要责任与工作是分析和决策图书馆战略。同时，无论是对图书馆战略制定过程的分析，还是决策图书馆战略的制定，不仅和图书馆基层员工的合理建议有着紧密的联系，也和图书馆中下层管理者的信息输入有着不可分割的紧密关联。由此可见，高校图书馆全体员工的理解、支持以及投入，对高校图书馆战略目标的确定，以及全方位实施起着非常重要的决定性作用。

6. 反馈修正原则

通过各种方式努力寻求稳定与健康的发展是高校图书馆实施战略管理的目的。通常情况下，高校图书馆管理战略规划的时间跨度在五年以上。高校图书馆管理总体战略规划，大多数情况下是由几个中短期行动计划构成，这些中短期的行动计划让高校图书馆管理战略的实施在行动上更加可操作化与具体化。实际上，高校图书馆管理战略，在具体实施的过程当中也会遇到很多的问题，并不是一帆风顺的，任何环境的变化都会对高校图书馆的战略部署产生一定的影响。因此，在高校图书馆管理战略具体实施的过程当中，应该进行持续性的跟踪与反馈，只有这样才可以充分确保高校图书馆管理战略的适应性。评价控制现行的高校图书馆管理战略，从实际意义上来说是新一轮高校图书馆管理战略的开始。

三、高校图书馆管理制度的创新

（一）高校图书馆制度创新的必要性

1. 现代化管理模式要求制度创新

高校图书馆在管理改革不断深化的影响下，从以前传统的管理模式逐步向现代化模式转变，高校图书馆的制度建设也需要紧跟高校管理改革的步伐，只有这样高校图书馆才可以进步和发展。假如高校图书馆现在的管理模式，仍然沿用以前传统的管理制度，就会在一定程度上制约、束缚和禁锢高校图书馆事业的进一步发展。例如，高校图书馆引进全新的管理模式、合同制等，均需要有全新的制度，对高校图书馆进行相应的规范，只有这样才可以使高校图书馆的高速、有效运转得到充分的保证。

2. 信息技术的发展需要进行制度创新

随着时代的快速发展和进步，现如今人类已经完全处于网络信息时代，高校图书馆在网络环境当中，无论是信息检索的手段，还是信息处理的方式均在其深入的影响下发生了巨大的变化。目前，我国大部分的高校图书馆通过先进的信息技术成功实现了自动化管理，并且在多个方面积极拓展了全新的网络化服务空间。

高校图书馆想要紧随时代的潮流和步伐，在以后发展的过程当中应该把虚拟化与数字化，作为高校图书馆未来的创新目标与发展方向。与此同时，高校图书馆在信息化发展的时候会在多个方面面临各种的问题和挑战，如管理、技术等，因此需要进行相应的规范，及时地调整与完善，同时无论是创新的工作方式还是环境，均需要对创新的制度进行充分的全面依托。

3. 实现高校图书馆事业可持续发展依靠制度创新

高校图书馆事业想要获得持续性的快速发展，和文献资源、制度资源以及社会资源三方有着不可分割的紧密联系，需要三方共同支撑高校图书馆事业才可以获得长久的发展。其中，设备、文献资源从某种意义上来说，和制度资源的合理安排有着不可分割的联系，同时设备与文献资源的优化配置，对制度的优化配置有着很高的依赖性。

在高校图书馆事业长久可持续发展的过程当中，制度资源的优化配置起着制约和导向的重要作用，同时也会对设备和文献资源的配置效率产生一定的影响。因此，高校图书馆管理制度的创新，一方面对于调控与规范高校图书馆的运行状态有重要的意义，另一方面也对进一步确保高校图书馆事业的顺利、有序发展有着非常重要的促进作用和意义。

4. 提高高校图书馆运作质量和效率的需要

从现行制度来看，我国高校图书馆当前整体缺乏灵动性，同时也缺少一定的机动性。通常情况下，内隐性、变动性和具体性是制度的主要特征。变动性主要指的是随着社会经济、政治以及文化的发展，制度也随其作出相应的改变，处于持续性的发展创新当中。也正是因为如此，要对制度环境进行不断的优化，以及对要素和要素之间的统一性、矛盾性进行及时的完善与调整，尤其是分配与人事制度应该充分展现出机动性、灵活性与能动性。高校只有通过各种不同的方式努力打造出充满活力的良好制度环境和氛围，才可以进一步保持高校图书馆的稳定与高效率，使高校图书馆得到快速发展。

（二）高校图书馆制度创新的指导思想

高校图书馆管理制度的创新，不仅需要和高校的发展规划相符合，也要和高校图书馆事业、信息服务以及资源建设的发展趋势相符合，充分围绕高校图书馆现代化的发展目标。高校图书馆的现代化包括多个方面，如网络化、自动化。因此，在高校图书馆制度建设的整体过程当中，应该将网络化、自动化等充分展现出来。

（三）高校图书馆制度创新的实施措施

1. 创新制度资源

高校图书馆在创新制度资源的时候，应该充分按照制度的运行机理和构建原则来进行，不仅要从运行机制的变革方面入手，也要从管理体制方面入手，从而真正实现高校图书馆各个制度的全面创新，如人事制度、财务制度等。对高校图书馆制度资源进行科学的制定以及合理的配置，做到兼顾宏观与微观制度，通过横向移植、纵向继承的综合创新方法，最终建立与之相对应的健康、完善的制度体系。

2. 构建创新的制度体系

高校图书馆在创建制度体系的时候应该从实际情况出发，将网络化和自动化的服务模式，作为高校图书馆制度创新的主线，对创新的业务流程进行充分的全面理解。高校图书馆管理创新制度体系能从以下两个方面入手：第一，综合性制度，如职责范围的制定、工作内容等。第二，行政管理制度，包括人、财、物的管理运用原则；各类人员的要求标准、考核、晋升等。

3. 实现制度形式的合理配置

从宏观的角度来看，各种不同形式的制度，如法律、法规、规章等，从实际意义上来说对图书馆事业发展的促进、规范以及保障的作用是各不相同的。法律是图书馆最根本的制度形式，也只有运用法律此种最强效力的制度形式，才可以充分保障图书馆事业快速、稳定的发展。图书馆事业最根本的方面指的是管理体制、资源配置等，这些内容应该由国家最高的立法机关制定相关的法律，通过法律的形式，对图书馆事业的全方位发展起到一定的保障、规范和促进的作用。

在制定其他法律的时候，只要和图书馆事业内容有关联的均应该做出十分明确的条文规定，对各种不同类型图书馆存在的差异性进行综合的深入思考，能在《图书馆法》的重要基础上面，制定和各种不同类型图书馆相适应的规章制度。众所周知，我国国土面积世界排名第三，有着非常广阔的地域和丰富的文化，导致中部、东部和西部的地区存在巨大的差别，不同地区，无论是在经济发展，还是在文化和社会发展上均有很大的差异性，因此要在《图书馆法》的重要基础上面，严格按照地区的实际发展情况，科学、合理地制定地方性法规。全方位实施图书馆专门法的制定从某种程度而言，是进一步实现制度合理、科学配置的重要前提条件，地方性在有了专门的法律和与其配套的规章、法规之后，其相关的法规制度才有更加充分的保障。

4. 图书馆运营机制的制度创新

高校图书馆在创新制度的过程当中首先应该明确图书馆事业投入主体，促进运营机制的多元化，主要表现是在建设高校图书馆事业的过程中允许社会参与其中。改变以前传统的领导任命制，将竞争机制引入其中，通过公开、公平竞争上岗的竞聘方式，对参与图书馆管理的竞争者进行招聘。除此之外，高校在创新图书馆管理制度的时候也应该承认高层次服务的有偿性，通过各种方式努力增强图书馆在“造血”方面的功能，将知识的重要性价值充分展现出来。高层次服务主要指的是为了充分满足不同读者的各种特殊需求，为读者提供的一系列有效服务，它包括多个方面，如科研项目、文献传递等。

5. 高校图书馆经费保障方面的制度创新

首先，高校图书馆应该将制度作为重要的保障和前提，科学、合理地设立和布局图书馆，最大限度地减少和避免图书馆文献的重复购置，以及重复建设的可能性。另外，高校在加快数字图书馆建设的同时，也应该减少一般图书馆有形图书的馆藏数量。

其次，高校应该对以前传统单一的经费来源渠道进行一定的改变和调整，最大限度地争取社会对高校图书馆的经费支持与参与。

6. 高校图书馆人事方面的制度创新

第一，高校图书馆在调整结构的重要基础上实行三定（定员、定额和定岗）。其中，定员主要指的是专门针对某一个岗位，按照具体的工作量和时间安排固定的人数；定额主要指的是将图书馆的总目标分解成各个岗位和部门的分目标，同时为了实现分目标需要完成具体的岗位工作量；定岗主要指的是充分按照工作环节和部门功能设立的岗位。高校图书馆实行定岗、定员和定额，实际上是推行岗位责任制以及进一步实现目标管理的重要基础。

第二，高校图书馆在全面实行全员聘用制度的同时，将竞争上岗机制引入其中。高校图书馆应该通过对人事制度的深入改革，进一步推动和促进业务岗位的双向选择，管理岗位实行竞争上岗的机制，面对特殊的优秀人才实行特殊的政策，并且在公平、公正和公开的重要前提下，打破诸多限制，如年龄、学历等，将图书馆全体员工的积极性和主动性充分调动起来。

7. 高校图书馆读者服务制度的创新

（1）学科馆员的工作职责

第一，高校图书馆的学科馆员应该和对口院学科保持密切的联系，对其相关的信息需求进行更加深入的认识和了解。高校图书馆学科馆员应该和对口学科的学生、教师建立经常性的紧密联系。应该对学术活动的开展情况、教学科研的进展情况，以及文献信息需求的实际情况有深入的了解，做到全面掌握，并且对口学科的师生推荐和选定部分比较专业的文献资料。

第二，高校图书馆的学科馆员应该努力为对口学科教学研究提供一系列更多的优质信息服务。首先，对重点用户进行有效跟踪，始终坚持为教学或者科研课题提供相关文件信息，并且努力做好定题的全程服务工作。其次，对学术研究动态进行及时跟踪。收集热门问题、全新观点等，对收集的新观点、热门问题等进行深入的研究和分析之后，通过二次文献和三次文献的形式将这些全新的动态、观点，以及潜在的重要价值、更深层次的内涵，充分地揭示给更多的读者，以便为其教学科研提供重要的参考和依据。

（2）学科馆员的条件

第一，图书馆的学科馆员不仅要具有敏锐的信息洞察力，同时也应该具备深厚的学科知识底蕴。高校图书馆的学科馆员，一方面应该具备非常深厚的学科知识底蕴，真正地做到深度融入学科馆员自身对口服务的学科，并且对这些学科的历史以及发展趋势进行全面和详细的了解，以便于为读者提供最新的国内和国外学术研究动态，同时为读者提供最前沿的信息；另一方面，图书馆的学科馆员不仅要善于捕捉最新的文献信息，还应该对最新的文献信息善于发现与有效存储，除此之外也应该对网络信息获取技术与搜索技术有一定的了解和认识，并且努力做到对其熟练掌握和灵活运用。

第二，图书馆的学科馆员需要具备一定的服务技能以及网络化的信息技能。高校图书馆的学科馆员需要努力做到工作的网络化，通过各种方式成为一名真正的网络专家以及网络导航员，即图书馆的学科馆员要对计算机进行熟练的操作和灵活的运用，同时对本学科国内和国外的专业数据库的原理、链接，以及具体的组配方法有所了解与认识。与此同时，做到对网络文献、电子文献等诸多检索工具胸中有数，形成具有更加立体化和网络化的思维定式以及检索概念。

第三，高校图书馆的学科馆员除了需要具有勇于创新的精神之外，也应该具备良好的职业道德。学科馆员不仅是高校图书馆的代表，同时也是其重要的形象代表。因此，高校图书馆的学科馆员一方面要有非常高的业务素质，另一方面除了需要有崇高的职业道德以外，也要有良好的思想素质。高校图书馆的学科馆员在具体的实践过程当中需要不断学习全新的知识，并且对新问题进行深入的研究和探索，注重和强调对服务理念、方式以及信息内容的创新。

（3）学科馆员制度的实施措施

第一，高校图书馆应该对图书馆的所有员工进行相应的培养和选拔。通过摸底和调查的方式，将具有丰富工作经验和责任心强的中年骨干选拔出来，同时也应该通过此种方法将具有高学历和专业知识的优秀年轻图书馆员工选拔出来，全面实行脱产重点培训，从而使这些优秀年轻馆员和中年骨干的工作技能与业务水平获得进一步的提升。

第二，高校图书馆应该将学科馆员的相关责任、权利以及义务进行有效的明确。需要注意的是，这一有关规定应该根据各个图书馆的实际情况来进行，并且是高校图书馆的学科馆员自身在经过努力之后能够达到的。

第三，高校图书馆通过各种方式明确阶段性的考核范围和内容。高校图书馆可以适当地通过组织和开展读者问卷调查等各种不同的方式，对读者的众多意见进行广泛的收集和有序的整理，并且对读者的文献信息具体需求类型和形式进行认真的分析和深入的研究，与此同时对学科服务当中的经验进行及时的有效总结。图书馆的所有学科馆员要和与其相对应的院系建立不可分割的紧密联系，在开展对文献深入调查和研究，以及对院系教学科研的具体情况非常熟悉的重要基础上面，对本学科的实际藏书状况有一个全面的了解和认识。

高校图书馆的学科馆员应该和课题研究人员保持经常性的联系，在对相关教学人员的实际信息需求有了清晰了解的基础上，更加全面、系统地对信息资源进行广泛的搜集与整理。高校图书馆的馆员一方面要掌握课堂教学、课题涉及的具体学科范围，另一方面也应该对两者之间存在的联系有一定的认识和了解，通过各种不同的方式努力认清教学研究和课题当中需要迫切解决的问题，并且依此确定最终检索的范围、途径以及工具。另外，高校图书馆的科学馆员应该对教学研究人员的科研计划有更加全面的认识和了解，也应该对这些教学研究人员需要的文献的广度和深度有全方位的认识和了解，在相关信息进行筛选的时候更加具有针对性，以便于为教学研究人员及时提供信息资源，并且为教学研究人员提供的信息资源不仅需要具有指导性，还具有一定的建议性。

四、高校图书馆信息资源管理的创新

（一）加强网络信息资源的开发与建设

1. 建立和完善联合书目数据库

随着时代的发展和科技的进步，现如今我们已经完全处于网络时代。高校馆藏信息资源的建设在网络环境下的重要内容之一，是馆藏信息的网络化，同时馆藏信息的网络化也在一定程度上是为众多读者提供服务的重要前提。

网络时代高校图书馆全面实现网络化与计算机化的关键是书目数据库，并且书目数据库也是信息资源共享的重要物质基础。联机检索与区域性联合机书目的广泛应用，是书目数据库建设的更高层次。中国高等教育文献保障体系（CALIS）联机合作项目于2000年正式启动，中国高等教育文献保障体系（CALIS）联机合作项目当前的成员已经有300多家，并且经过长时间的发展已经逐渐形成稳定的数据库建设队伍，一方面不仅成立了专家委员会，还成立了专门的领导小组，另一方面在地区一共成立了7个分中心，形成的组织结构非常严密，与此同时还积累了十分丰富的书目数字资源。

2. 积极利用网上信息资源

因特网实际上是当今世界上最大、内容最多的信息资源宝库，通过数据库源源不断地向用户提供各个方面的相关信息，如经济、管理等。网络当中虽然有一部分的信息资源是收费的，但是大部分的信息资源对用户是免费的。高校图书馆对网络上的众多免费资源进行充分的利用，订购电子期刊和电子图书是节省高校经费的一种有效途径。所以，高校图书馆应该通过各种不同的方式积极组织专门的力量组建虚拟馆藏，并且虚拟馆藏除了要将读者需求作为中心之外，也应该将专题化、学科化以及单元知识作为重要的基础，从而为更多的读者提供增值信息服务。虚拟馆藏实际上指的是图书馆员工收集、整理以及编辑网络信息资源之后，再将其发布到本图书馆网站，成为属于本图书馆的馆藏。虚拟馆藏和以纸质为载体的传统文献馆藏，和以磁盘、光盘作为重要载体的信息资源相比是不同的。随着时代的发展和科技的进步，我们已经完全处于信息时代，因此在新的形势下，虚拟馆藏的建设逐渐成为图书馆资源建设的重要问题之一，在网络环境下虚拟馆藏式图书馆是否可以为读者提供更加全面、快速、准确、全新信息服务的重要前提和基础，同时也是进一步评价图书馆特色与真正实力的关键标志。

我国高校图书馆需要专门针对各个不同层次的用户群体，通过不断深入挖掘网络信息资源，把没有顺序比较分散的网络信息资源，经过一定的重构和整序之后，逐渐成为符合图书馆读者实际需求的重要信息数据库，从而使众多读者在使用的时候更加方便、快捷。高校图书馆在创新信息资源管理的时候，需要不断加强文献信息资源数据库的标准化建设，通过计算机来传输与管理图书馆的馆藏文献，从而为读者或者用户提供更好、更快的服务。简单来说，高校图书馆能够通过建设专业的指引库以及建设虚拟图书馆的方式，对网络信息资源进行充分的有效利用。

3. 建设专业的指引库

指引库主要指的是建立的数据库。从物理意义的层面来看，存放的主要信息是与主题相关的服务器、数据库等，能够正确指引用户到某一特定的地址，快速、便捷地获取用户需要的相关信息。

专业指引库和网络上的搜索引擎有点相似，专业指引库是把因特网和某一个主题有关的站点集中在一起，充分遵循方便用户的重要原则，灵活运用用户熟悉的方式，将其有机地组织在一起，为用户提供资源的具体分布情况，正确引导用户进行科学、合理的有效查找。专业指引库能够在一定程度上面弥补搜索引擎存在的不足，由以前被动的运用，到现在的主动、积极创造，和不同用户的需求更加相符。

需要注意的是，在建设专业指引库的过程当中，对指引库进行及时的更新是需要重点强调解决的关键技术问题，原因在于网上站点的增加，以及对指引库进行更改过程中时刻会发生变化，假如高校的专业指引库没有在自动跟踪方面的技术支持，也就会导致专业指引库的重要价值以及生命力逐渐消失。

4. 创建虚拟图书馆

网络信息资源的有效组织形式是虚拟图书馆。虚拟图书馆专门针对某一个领域的研究者或者学科研究者的实际需要，把因特网上和网络信息资源有关的线索进行一定的整合、汇集之后，建立电子书籍、会议、论坛等，再通过数据库或者主题树的方式和超文本链接有机结合在一起，并且在组织起来后提供给用户检索或者浏览。用户或者读者在对某一个学科的虚拟图书馆网页访问的过程当中，通过对相关网络线索的进一步激活，就能够浏览与学科相关的资料。

虚拟图书馆用户的针对性非常明显，虚拟图书馆的信息查询服务主要指是检索某个关键词或者某些关键词组合，最终的查询结果从某种意义上来说是具有推荐性的。由此，对虚拟图书馆提出了更高的要求，一方面虚拟图书馆需要具有自动跟踪技术，以便于对指引库进行及时的快速更新；另一方面还需要编制网络自动搜索软件，除了具备高度的自动化之外，同时还要具有较高的智能分析能力，从而完全替代手工搜集相关资料。

（二）大力建设特色馆藏数据库

高校图书馆除了应该依据本图书馆发展的实际情况，也应该和高校读者的需求特点充分结合起来，在具体的统筹规划下，有选择性地、合理科学地建立特色数据库。另外，应该持续延伸与发展已经初步形成的馆藏特色，并且通过各种方式对其进行一定的补充和完善，使之最后形成特色产品。因为，高校图书馆建立特色馆藏数据库的关键是重视质量，追求社会效益和经济效益。

我国的高校图书馆应该通过各种方式努力加强学科在特色文献方面的收藏，在调整的时候一方面既要按照本市文献的整体布局的实际状况，也要严格按照本校研究发展设定的最终战略；另一方面除了需要充分遵循图书馆已经形成的藏书格局以外，也应该按照文献购置费用的具体情况，从而使图书馆在快速适应本地区和学校经济发展、科学技术的实际需要的同时，全方位适应读者快速增加的实际需要。在我国高校图书馆工作委员会对高校图书馆的统一协调组织下，严格按照图书馆自身的现实条件，如经费、人力等，以及高校更多读者的各种不同的文献需求，对书刊、数据库等当中相关的文献进行系统的摘录，通过对文献重组技术灵活运用的方式进行更加有深度的标引，使之更加有序，最终经过时间的发展逐渐形成非常独特和新颖的馆藏数据库。

网络环境下，除了需要加强对网络信息资源的建设之外，也应该进一步加强印刷型文献的特色馆藏建设。实际上，在网络化服务以及资源共享具体发展的过程当中存在一种错误的引导。简单来说，就是在全面实现文献信息书目电子化，以及服务网络化以后，所有的资源都能够上网共享，这也在一定程度上导致文献资源收藏的重要程度大幅度降低。电子文献作为知识信息资源的组成部分之一，即便随着科学技术的发展和信息技术的进步，印刷型文献在知识信息资源当中依旧会以其独有的功能与特性长期存在，印刷型文献作为知识信息的重要基础地位是不会被改变的。

高校图书馆资源建设的过程当中，需要不断强化印刷型文件的馆藏建设。和以前不同的是，高校图书馆应该通过各种方式对图书馆的馆藏特色建设进行不断的强化与完善，将优势充分凸显出来，最大限度地减少和避免资金的浪费，以及资源建设上的重复。高校图书馆，为了对信息资源进行深度的开发和利用，需要深加工文献的内容。

（三）建立区域性资源共享体系

我国高校图书馆近几年虽然都非常注重电子信息资源建设，但是由于信息资源的分布非常不平衡，有的院校受到了资金、技术、人员等多个方面的限制和束缚，没有实力引进或者自建数据库，有的院校即便引进或者自建数据库，数据库和数据库之间的界面与检索规则也存在一定的差异。数据库在多个方面没有统一和有序的管理，如存在的形式千差万别，有光盘、网络、全文库等。数据库的规则、检索方法等也各不相同，用户在使用的时候非常不便。

高校图书馆信息资源实现优势互补的一个重要途径，是充分依据我国高校图书馆当前的实际发展现状，面向 21 世纪人才培养、知识经济发展的实际需要，积极建立区域性资源共享体系。建立区域性资源共享体系的主要目的是专门针对用户对原文需求保障率，以及资源的重复建设造成大量的资金浪费问题的解决。建立区域性资源共享体系的基本思路是在同一个区域内，将高校图书馆、地方公共图书馆等紧密结合在一起，建立资源共享组织管理体系，并且充分根据各个图书馆的馆藏特点，统筹文化资源的建设，对馆藏进行合理的布局。除此之外，一方面通过各种不同的方式努力建设学科文献数据库，使之具有一定的馆藏特色；另一方面除了积极建设读者培育图书馆工作人员培训基地之外，还专门建设图书馆自动化集成管理系统，从而快速实现图书馆与图书馆之间的相互联通。

五、高校图书馆文化的创新

（一）建立团队文化

第一，高校在建立团队文化的过程当中应该有共同的目标与战略。成员除了需要对组织共同的目标、战略以及价值观有清楚的认识、了解和认同之外，也应该为了团队文化的发展做出奉献。

第二，在建立团队文化的期间，团队成员之间应该相互尊重和信任。高校图书馆在建立团队文化的时候只有团队成员的技能相互补充和共同努力，才可以最终实现组织目标。团队成员之间形成相互尊重、学习和信任的良好氛围。每一个团队成员承担责任的同时，享受个人发展的相关权利。

（二）倡导学习型组织

1. 学习型组织的定义

学习型组织主要指的是通过对学习气氛的培养，让员工在创造性方面的思维能力充分发挥出来，从而真正建立起一个不仅具有生机，同时还具有高度柔韧性，与人性十分相符以及能够全方位快速发展的相关组织，学习型组织一方面具有持续学习的重要能力，另一方面还具有高于个人绩效总和的相关综合绩效。

2. 学习型组织的特点

学习型组织的本质特征是善于不断学习，有以下几点含义：第一，是注重全员学习。无论是企业组织的决策层和操作层，还是企业组织的管理层，应该在学习的时候全身心地投入其中。第二，是强调和注重全过程的学习，也就是在学习的过程当中，必须始终贯彻组织系统运行的整个过程。第三，注重和强调团体学习，简单来说是对组织成员的合作学习，以及群体智力的进一步开发投入关注。学习型组织实际上是通过努力保持学习的相关能力，快速、及时地铲除发展道路过程中遇到的各种障碍和困难，努力持续突破组织成长的极限，最终长期保持不断发展的良好态势。

学习型组织的特点之一是以地方为主的扁平结构。传统的企业组织结构大多数情况下呈金字塔式，扁平式是学习型组织的主要结构。从决策层到操作层，两者之间相隔的层次非常少，它可以最大限度地把决策权不断地向组织结构的下层移动，同时让最下层的单位具有充分的自主权，负责最终产生的结果，并且逐渐形成真正扁平化的组织结构，另外该结构以“地方为主”。

领导者在学习型组织当中既是教师也是设计师。领导者的设计工作从某种意义而言是一个过程，主要是整合组织当中存在的各个要素。与此同时，领导者一方面设计组织发展的重要策略；另一方面设计组织的机构，以及组织的关键策略与政策。

高校图书馆为了给学校教学和科研提供更多、更好的服务，要积极创建学习型组织，并且通过该组织培养可以系统思考的图书馆馆员，同时这些馆员也可以不断地超越自我，对心智模式进行持续性的有效改善，积极、主动地参与组织学习，在共同的愿望下努力地发展，从而最终使图书馆的全体员工将共同愿望作为重要的基础。

学习型组织将增强学习作为重要的核心，将“学习＋激励”作为重要的动力，同时也将团队学习作为主要特征。一方面让图书馆的所有员工勤奋学习和工作；另一方面也非常注重让每一位馆员更加聪明地学习和工作，努力实现超越自我以及持续的创新。

（三）培育“以人为本”的文化

图书馆存在和发展的重要支点与关键动力始终是“人”。高校图书馆应该全面树立“以人为本”的正确价值观。高校图书馆的文化支撑，对高校全面实行“以人为本”的管理模式有着重要的决定性作用。当图书馆有共同的价值取向以后，无论是对图书馆的管理人员，还是对读者，均能够给予最深切的关怀。

其中，高校图书馆管理人员自身在得到充分的发展，以及进一步实现自身价值的同时，将会对高校图书馆的集体事业与未来发展更加的忠诚；读者在获得高校图书馆一系列的服务的同时，也会进一步强化对高校图书馆的忠诚度与认同感。也正是因为如此，高校图书馆才能获得更好的公众形象。

因此，在高校图书馆组织和开展的各种不同的服务活动当中应该积极树立以读者为本的重要理念，以便于可以让不同读者更加快速、方便获取文献信息的同时，也可以让不同读者更加公平、公正地充分利用文献资源，并且读者可以更加平等地享受各种服务，从而最终将“图书馆是任何人均能利用的场所”这一相关宗旨充分地展现出来。

文献信息和读者分别是图书馆的工作对象和服务对象，并且读者占据主体的位置。具体而言，图书馆的重要和关键组成要素是读者，因此图书馆赖以生存以及全面发展的根本依据是为读者提供一系列的服务。“图书馆学五定律”的前四条均围绕图书馆的“读者服务”展开，不仅将“以读者为中心”的人文关怀展现出来，还将“以读者为中心”的服务理念进一步体现出来。也正是因为如此，高校图书馆在为众多读者提供服务的时候，应该通过此种独特的服务理念，多为读者提供方便以及多想读者之所想，在多个方面将“倾情”体现出来，如开放时间、借阅方式等。

高校图书馆在对员工管理与关怀的过程当中，也应该将“以人为本”体现出来，特别是要努力营造与个人、组织共同发展学习、工作完全相符合的良好氛围和环境，图书馆的全体员工可以感受到尊重的同时，将自身的重要价值充分地展现出来，从而可以自觉地进行相关的工作，在完成和实现高校图书馆设定目标的过程当中，通过各种不同的方式努力实现自己的愿望。

第三章　高校图书馆人力与知识管理创新

高校图书馆管理是通过计划、组织、领导和控制等方法，优化配置图书馆系统的各种资源以期完成图书馆为全校教学和科学研究工作服务，并且使服务的提供者——馆员也获得一种高度的士气和成就感的活动。本章主要介绍了高校图书馆人力管理创新、高校图书馆知识管理创新两个方面的内容。

第一节　高校图书馆人力管理创新

一、高校图书馆人才的选聘

（一）营造图书馆人才引进的外部环境

人生活在环境中，时刻都会受到环境的影响，营造良好的内外环境对于改变图书馆传统的人事管理方式，实施人力资源管理创新十分重要。要为人力资源的开发和管理创造良好的外部环境。高校图书馆作为高校的服务部门，必然会在学校相关部门的制约和影响下，实施许多重要的战略和行动。因此，一方面，高校图书馆应采用知识经济时代的现代人力资源开发和管理方法，将高校图书馆业务创新在学校教学和科研中的重要性传达给学校相关部门，争取在图书馆人力管理改革方面得到学校的帮助和支持。另一方面，要努力加大学校在人力资源（即人力资本）开发和管理方面的投入，使学校了解人力资源系统开发和管理，从而使相关工作人员的素质和知识水平得到提高。只有创造良好的外部环境，才能为高校图书馆吸纳高素质人才创造良好的前提条件。

（二）合理规划人员结构

对于高校图书馆的管理者，要想实现合理规划人员结构，首先要考虑的就是人员结构的构成，构成人员结构的两个主要部分就是体力结构和智力结构，也可以说，人员结构是体力结构和智力结构的有机统一。下面我们分别就体力结构和智力结构进行详细介绍。一方面是体力结构，顾名思义，是与工作人员的体力有关的一种形式，具体来说，就是工作人员自身的自然力和生产工具的构成形式。另一方面是智力结构，是与人的智力相关的一种形式。工作人员的智力结构指的就是其知识要素的构成情况。从目前来看，需要重视的方面包括年龄结构、知识结构、专业结构、智能结构、职称结构、素质结构等方面。而对于高校图书馆的人员结构来说，主要是个体结构和群体结构两种，个体结构是群体结构的基础。所谓个人结构，指的就是高校图书馆工作人员个体的观念、知识、道德修养、思想、能力等。而群体结构主要由年龄结构、知识结构、专业结构和专业技术结构等要素构成，事实上群体结构常被人称为人才结构。

当图书馆决定招聘之前，图书馆的管理人员，要先对该图书馆自身的人员结构进行透彻的了解和透彻的分析。在经过一系列的综合分析之后，就要开始制订招聘计划，在制订的时候要注意，必须根据现有的人员结构和图书馆的近期目标来制定，同时还要对招聘目标提出明确的要求。招聘时注意充分考虑个体结构和群体结构。一般来说，个体结构不可能将所有优势都集中在一个人身上，因此如何合理组织图书馆人员结构，形成优化的图书馆群体结构是管理者的一项重要任务。高校图书馆人员结构不合理的主要问题是知识结构不合理和男女比例不均。这些都是选人、用人必须解决和规范的问题。

此外，由于图书馆的业务结构具有承继性特征，也正是基于这一点，高校图书馆员人力资源的开发，特别是高层次人才的开发也应具有承继性特征。因此，在高校图书馆人力资源开发与管理中，一方面要注意做到对高层次的人才和业务带头人，进行着重培养、提拔，以求达到稳定高层次人才的目的；另一方面，还要注意对长远目标进行谋划，努力打造出一支专业人才梯队。随着互联网技术的不断发展，数字图书馆开始出现并发展，随之而来的就是一些特色咨询服务的开展，在这样的背景下，高校图书馆要想顺应时代发展潮流，使自身得到不断发展，就需要从自身实际出发，一步一个脚印，比如制定一些短期发展目标，包括学科图书馆系统的创建和特色数据库的建设。当然，实现这些目标需要一些拥有学科专业背景的人才和计算机网络人才。

二、高校图书馆人才的使用

（一）优化用人环境

在人力资源管理方面，尤其是对于人才的使用、考核、薪酬等方面，一直以来，始终以资历、工龄、职称等为标准。这种传统的方式是十分落后的，在考核评估过程中，不是考核员工的实际工作能力，而是根据员工的工作年限，论资排辈，这样的方式根本不能建立一个科学的竞争机制，员工的工作积极性也无法被调动起来。不仅如此，对于刚入职的新员工来说，无论自己如何努力，都无法获得更好的薪酬，没有科学的竞争、激励机制，整个人力资源，都无法得到合理的配置。要想摆脱资历、职称等陈旧的管理方式，建立科学的竞争机制，就需要本着绩效优先、业绩优先的原则，建立科学的考核机制、激励机制和淘汰机制。注重公平公正，合理配置和使用人才，最大化地发挥人才价值。因此，高校图书馆的人力资源管理者必须了解图书馆中每位员工的特点，帮助他们找到个人发展目标与图书馆发展目标的结合点。一方面注意合理用人，使人才与岗位匹配，使人才所学专业知识与实际工作相适应；另一方面还需要优化工作环境，特别是要创造和优化适用于高层次人才的环境，让他们充分发挥自己的才能。

1. 学科馆员制度的建立

“学科馆员”制度是指高校图书馆选拔一批既熟悉图书馆所属各类信息资源，又具有较强的文献信息检索和知识组织能力，另外还具有丰富的专业知识和学科知识的人员，并将这些图书馆员分配到高校图书馆中，来负责专门为学校某一学科的读者提供深入的知识和信息服务的一种制度。这是一种新制度并且是与传统的参考咨询工作相区别的制度。

在传统的参考服务中，图书馆员往往是帮助读者找到他们需要的东西，而且服务内容简单，所以很多图书馆员认为，他们很难用到自己多年所学的知识来发挥自己的作用。因此，一些馆员要么对图书馆工作不满意，要么对日常管理工作不满意，工作的时候毫无动力，更不用说去更新自己的专业知识了。学科馆员制度的建立是为了让学科馆员定期到院系走访，向系内师生展示图书馆在学科方面的新资源和新服务，还要不断去了解教学科学研究对专业文献的需求情况，并且根据搜集到的信息，有目的地收集、整理、分析研究学科的专业文献信息，整合相关创新知识，积极为各类读者提供水平高且层次深的信息服务。

随着高校教育的发展，无论从服务技能方面看，还是从服务层面来说，都对学科馆员提出了很高的要求，不仅要求学科馆员具有很高的服务技能，还要求学科馆员必须具备高服务水平。学科馆员应从院系师生目标出发，收集和获取相关学科的知识，利用各种检索工具跟踪、搜索、检索和获取相关学科的外部知识，跟踪和捕捉学生的内部知识，尤其是隐含知识。利用不同的分类工具整合学科知识，通过分类整合，将容易混淆、难利用的知识整合成有用的知识。要想做到这一点，就需要学科馆员在掌握专业知识的基础上，运用信息技术、数据库技术、人工智能技术，从学科的各种信息流中发现新的知识点和知识之间的联系，并按照学科知识进行组织。数据库中的智能匹配是通过计算机访问和搜索算法完成的，使相关学科的用户可以方便地访问相关信息和知识；主要学科用户对知识的应用可以利用专家系统、专业分析工具、决策支持系统等，利用知识管理系统将知识的应用有机地融入日常工作过程中，将主要学科研究的新知识快速组织到相关的主要学科知识管理系统中。

提高岗位要求，丰富岗位内容，为兼具某学科专业知识和文献信息服务技能的图书馆员创造展示其优势和才华的空间和机会。也可以鼓励学科馆员不断学习文献信息服务的各项技能，提高和更新专业知识，加强专业领域的学术研究，以达到提高和落实职工整体素质的目的。如此一来，也能促进高校图书馆人才队伍的稳定。

2. 科研课题的参与和科研项目的承担

随着知识经济的发展，高校图书馆作为文献信息资源的汇集和发布中心，在信息采集、信息加工、信息存储、信息发布、信息处理和信息集成等方面越来越显示出优势。作为高校图书馆工作人员，他们在获取信息资源方面具有诸多优势，尤其是学科馆员，他们本身掌握了相关学科知识，在为科研课题服务时能够接触到学科的前沿知识，这便赋予他们参与科研项目的实力。高校科研项目中有了学科馆员群体的参与，不仅体现了学科馆员自身的价值，也显著提高了数据采集、分类、学科整合的效率，这对于学科馆员和科研项目中的课题成员来说，是一个双赢的局面。鼓励学科馆员参与一些基础科研活动，除了为科研课题提供信息咨询服务外，还可以不断提升图书馆在信息文献和创新知识服务方面对学校教学科研的支持作用。也只有这样，图书馆才能真正支持学校的教学和科研，成为科研知识参考服务的中心。

对于高校图书馆的内部人力资源来说，管理者要合理对其进行组合，让图书馆员尝试参与一些与高校图书馆建设相关的科研项目，将为图书馆员创造良好的个人发展空间。在数字图书馆快速发展的今天，图书馆领域涌现出许多新的课题，如国家专项资金支持项目——中国数字图书馆标准规范建设、中国高等教育文献保障体系各子项目等。管理者要充分调动馆员的积极性和创造性，使他们努力积极参与各类项目，一方面可以为图书馆员工的价值实现创造条件；另一方面，也是最重要的一点，那就是这类科研项目有图书馆员的参与，可以有助于提高高校图书馆的综合服务水平，增加高校图书馆的综合竞争力。

（二）图书馆员职业生涯的设计与管理

1. 职业生涯设计与管理的概念

要想了解职业生涯设计与管理的概念，我们首先要知道什么是职业生涯。职业生涯，顾名思义，就是一个人一生中，与职业相关的一些经历。具体来说就是，一个人一生中与工作、职业有关的一切行为和活动，并且还包括在其中，一个人对自己职业中的行为和活动所持的态度以及相关的价值观、愿望等的连续经历。

职业生涯设计与管理可以分为个人层面和组织层面两个方面，即个人职业生涯设计与管理和组织的职业生涯设计与管理。两者之间的区别就是，前者是有关个人的职业生涯设计与管理，是一个人为了实现自身的职业目标和自我价值而进行的职业生涯的设计，也就是个人自身职业发展路径的设想和规划，以及对个人职业生涯设计和规划的实施、评价和反馈的综合管理。主要体现在个人的职业发展规划和实现这些目标的时间和步骤的合理组织、规划和管理上。所以它不仅要求个人对该项目感到满意，而且这个项目对个人的发展和成功有潜在的好处。组织的职业生涯设计与管理指的是组织自身为了得到更好的发展，管理人员以员工为中心，以员工的全面发展为出发点，帮助员工根据自身实际情况规划职业生涯发展。提供不仅适合员工个人发展而且能够反映组织目标和文化的教育、培训、工作轮岗和晋升机会等。组织对员工的职业生涯开发与管理是一个交互过程，可以满足组织中员工和人力资源的需求。组织的职业生涯设计与管理的具体内容，主要体现在根据组织成员的个人才能和个性发展建立职业阶梯，提供合适的岗位，制定指导性的培养模式和培养计划，以满足组织的需要。

2. 高校图书馆员职业生涯设计与管理的作用

职业生涯设计和管理对个体图书馆员和高校图书馆大有裨益。对于馆员个人而言，首先就是可以帮助馆员实现个人职业发展目标。通过职业生涯设计与管理，馆员可以充分了解到自己的专业技能，认识自己，正确定位自己的职业发展，规划自己的职业发展方向，从而不断激发潜能，实现自己的目标，取得更大的成功。其次是鼓励图书馆员不断提高综合素质。在知识经济社会中，高校图书馆工作的内涵也在不断增加，对图书馆员的要求也朝着高素质的综合型人才方向发展。对图书馆员实施有效的职业生涯设计和管理，可以进一步激发他们丰富知识组合、构建新的知识结构、发展各方面综合能力、不断提高综合素质，最终使他们的发展满足社会发展的需求。除此之外，对于图书馆员来说，对职业生涯进行设计和管理还可以提高他们自身的工作和生活质量。这是因为，职业生涯设计与管理的过程中，是从图书馆员本身的实际出发的，对于员工的岗位、目标和晋升通道的确定，充分考虑了员工的兴趣、才能、技能和家庭情况等，这样能够最大限度地调动员工积极性，使员工的潜能和能力得到最大限度的发挥，最终提高员工的工作质量。实施有效的图书馆员职业生涯设计和管理，可以充分考虑高校图书馆和图书馆工作人员的需求，以此判断实行的可能性，另外还要考虑环境变化可能产生的影响，将轮岗、晋升、培训、评估和奖励进行有机结合。通过兼顾组织内员工的发展，图书馆员可以为图书馆最大限度地创造效益，从而获得更多的满足感和成就感，在获得更多的报酬的同时获得更好的工作生活质量。

职业生涯设计与管理对高校图书馆本身也非常有用。最重要的作用是帮助实现高校图书馆人力资源配置的规划性和合理性。当新员工来到图书馆时，图书馆和新员工根据其个人兴趣和能力共同制定职业规划。给每位馆员分配与其个人能力相匹配的工作岗位，不断开发馆员的工作能力，注重馆员的培养，然后根据图书馆的需要和新员工个人实际情况及时调整最终职业发展方向。由此可见，职业生涯设计与管理是一个不断适应的动态过程，职业生涯设计与管理充分考虑了环境、组织、个人和家庭环境的变化，以及图书馆组织目标的变化、组织结构和组织政策的变化等，使高校图书馆人力资源配置更加合理，实现了图书馆员工个人发展目标与高校图书馆发展战略相协调的目标。这种职业生涯设计与管理有助于减少图书馆人才流失。通过科学的职业生涯设计与管理，根据馆员的发展规划职业发展路径，营造良好的馆员氛围，让馆员施展才华，给他们充分的发展空间，尊重和信任他们，并赋予他们权利，使其自身发展的需要得到满足。在今天，要想解决图书馆员的薪酬和待遇问题，只单纯依靠高校图书馆，是无法完成的，在这样的背景下，要想留住人才，对图书馆员进行职业生涯设计与管理无疑是一种比较有效手段。

3. 图书馆员职业生涯的设计与管理

（1）馆员个体职业生涯设计与管理

①正确的自我分析

主要由个人因素分析与环境因素分析两个部分组成。

个人因素的分析：第一，对个体价值取向进行了剖析，自我确定人生的目标和道路；第二，对自身知识结构和职业技能水平进行剖析；第三，分析自己的个人特质，包括性格、气质、智力等；第四，对爱好进行分析，包括特长、职业倾向等。根据以上因素分析结果来制订出适合自身特点的职业生涯计划并付诸实施。有关环境因素分析，对馆员而言，主要分析组织环境与技术环境在个人职业发展中的作用。组织环境是由职工所在高校图书馆组织文化、组织规模、组织结构和工作氛围等因素构成，人际关系和有关规章制度等内容。所谓技术环境，主要指现代技术和管理发展给图书馆事业等带来的冲击。

②确定个体职业生涯发展的目标

通过正确、科学的自我分析，建立个人职业生涯目标和职业活动。馆员职业生涯管理的核心问题在于明确其奋斗目标及其实现途径。制定馆员职业目标，必须与组织（高校图书馆）制订职业生涯计划的目标是一致的。只有这样，才能使每个人都能在其所从事的事业中得到最大程度上的发展。在此要特别说明，第一，组织（高校图书馆）要为个体职业生涯设计提供引导。第二，组织（高校图书馆）工作目标应按照科学发展观来确立。

③选择合适的职业生涯发展道路

制定了职业生涯目标后，馆员应走一条与在高校图书馆领域内发展相一致的道路，旨在方便科学安排学习与工作，避免盲目性，这样才能使图书馆员顺着自己的职业生涯路线朝着预定目标前进，最终取得成功。在进行职业生涯发展道路的选择过程中，要不断分析所面临的困难与问题，提出促进馆员职业成功的对策。不同时期馆员对于职业生涯发展路径的抉择可能发生改变。

④制订和实施相应的计划与措施

计划与措施是个体职业生涯发展目标、道路的执行系统和操作系统的主要体现。在图书馆管理中运用计划与措施，对实现个人职业理想具有重要作用。馆员应视其具体情况而定，根据不同岗位的需求，提出了各项有针对性的具体需求，制订切实可行的方案和措施，并且应该加以深化和系统化，并对这些方案和措施加以分解落实。

（2）组织（高校图书馆）对馆员职业生涯的设计与管理

①职业准备阶段（进入组织阶段）

在职业准备阶段，组织（高校图书馆）的主要任务是帮助个人做好职业准备，组织招聘、选拔和岗位分配工作。主要任务是根据人力资源需求，发布岗位需求信息，进行定向招聘和组织入职培训，帮助筛选、考察、评估馆员，帮其选择适合岗位，另外还可以帮助馆员明确志向和发展目标。

②职业生涯早期阶段（早期职业阶段）

职业生涯早期阶段是新员工与组织（高校图书馆）相互发现、相互接纳、职业匹配、职业定位的阶段。在此期间，馆员应学习工作技能，提高工作能力，并根据自身条件和工作岗位调整职业目标，组织（高校图书馆）也应根据馆员个人业绩确定馆员未来的职业发展方向。

③职业生涯中期阶段（中期职业阶段）

职业生涯中期阶段是员工职业生涯中最长、最重要的时期。在此期间，组织（高校图书馆）重点关注馆员的职业生涯设计，以不同方式帮助馆员解决职业生命周期变化中的诸多问题，并激励他们不断前行。针对不同的人，可以开辟多种职业生涯发展通路。

④职业生涯后期阶段（后期职业阶段）

在职业生涯后期阶段，组织（高校图书馆）的职业生涯设计与管理主要是继续开发馆员的活力和智慧，帮助他们成为其他馆员的良师益友，传播他们的宝贵经验，展现他们的余热，为他们提供发展各种兴趣爱好的机会，引导他们在退休前多参与社会公益活动，做好退休之前的工作衔接。

三、高校图书馆人才的培训

（一）图书馆员培训的主要内容

1. 职业道德教育

图书馆员职业道德教育是图书馆员素质教育的重中之重。在教育培训图书馆员过程中，首先要树立正确的职业意识，深刻认识图书馆的本质、地位和作用，提高其责任感。为提高读者服务水平和质量，需要培养图书馆员的职业情感和兴趣，养成良好的职业行为，形成爱岗敬业的思想，树立诚实守信的精神。

2. 图情知识

图书情报专业知识是高校图书馆自身所需的相关专业知识，图书馆员必须系统掌握图书馆学、情报学、文献学和信息管理等基础理论，才能高质量地完成工作，提高服务质量的技能。尤其是文献信息的收集、分类、编目、归档等相关知识，是图书馆工作人员首先要进行的培训。

3. 语言知识

在知识经济环境下，随着高校图书馆的数字化和网络化，文献资源共享成为现实，知识已经实现了跨国界交流和跨国界传播。因此，要求图书馆员在牢牢掌握汉语的同时，至少掌握一门外语。

4. 信息技术知识

图书馆员必须学习现代技术在高校图书馆工作各个方面的应用，特别是网络信息资源的开发、管理和服务技能，以适应图书馆数字化建设日益增长的需求。首先，图书馆员要掌握信息技术，包括信息采集与传输技术、信息存储技术、信息处理与分析技术。其次，图书馆员要精通计算机操作技术、多媒体技术、图形网络技术，能够收集、存储、组织、提供和使用信息，开展网络服务。

5. 学科专业知识

对于学科馆员来说，也需要鼓励他们进行相关学科专业知识的学习，因为只有掌握相对丰富的学科专业知识，才能为用户提供更有针对性、更及时、更全面、更权威的有价值的信息资源服务。

（二）图书馆员培训的主要方法

1. 在职进修

鼓励员工利用空闲时间参加各种教育或学位培训。只要对自己从事的工作或者对高校图书馆某方面的工作有用，图书馆都会大力支持。

2. 轮岗制度

派馆员到图书馆不同部门或岗位学习和工作，可以让馆员全面、直观地了解图书馆的各项服务，锻炼和提高馆员多功能操作和解决实际问题的技能。也有利于培养复合型人才，提高图书馆整体工作效率。

3. 馆内培训

图书馆通过聘请专家和专业能手开展形式多样的馆内人才培训。一般来说，采取专题讲座或短期培训班的形式，主要培训内容为业务技能、英语、小语种、计算机等。

4. 外出学习

通常情况下，都是派人参加专门学会或者专业单位的专题培训，也可以派去先进高校图书馆进行短期考察学习，还可以采用在职学习的方法，即在其他学校图书馆的一些岗位工作一定时间。

四、高校图书馆的绩效考评机制坚持的原则

为做好高校图书馆绩效评价工作，应着重把握以下原则。

（一）客观性与公正性原则

在考核工作中，无论是衡量馆员的工作量还是评价馆员的工作质量，都应立足于馆员的实际工作。坚持客观性原则是衡量评价工作的基础，也是绩效评价工作真正有效的保证。

（二）定性与定量测评互补与结合的原则

图书馆员工作条件的测量和评估不仅是不可或缺的，而且是相辅相成的。虽然图书馆员在评估过程中的工作数据可以解释某些问题，但它们仍然存在局限性。评定可以解释这些数量的结构和价值，从而赋予这些数据意义。但相对的，评定也需要从数据开始，没有合适的数据，分析和评估就无法开始。一般来说，简单的工作更容易量化，而更高层次的工作，尤其是一些创造性很强的工作，如高端咨询服务、数据库建设、应用平台开发等，应给予更多的定性质量评价，而不是简单地从数量上解释一切。

（三）注重实绩的原则

高校图书馆的绩效考评，要想取得良好的效果，还要坚持注重实绩的原则。换句话说就是充分考虑图书馆员在实际中所取得的工作成果。在社会劳动中，任何组织中的员工在付出工作努力之后，会得到一部分社会认可，这一部分就是员工的工作实绩。工作实绩的情况是对员工在工作中的表现的一个综合的反映，包括员工的工作的能力、工作态度等，除此之外，还有一点更重要的就是员工的实际工作质量。由此可见，员工的实绩，也是组织对员工进行考核、测评的重要内容。在进行考核、测评的过程中，坚持实绩原则，可以有效避免出现一些工作内容不实的现象，从而最大限度地促进图书馆员的务实品质。

（四）民主公开的原则

民主公开指的是图书馆管理部门通过有效的方法或程序，让馆员参与到考核评价过程中，包括征求馆员意见、民意测验、民主评议、馆员参与评价机构等。要提高评价工作的透明度，公开评价过程和评价结果。

五、高校图书馆的竞争机制和激励机制

（一）竞争机制和激励机制的建立的必要性

在市场经济环境下，建立竞争机制是市场经济用人的最基本要求，同时也是开发人力资源的最佳途径。另外，竞争也是优化人力资源的动力。长期以来，不少高校图书馆员工认为自己能够进入图书馆工作就是拿到了“铁饭碗”，只要自己不求功、只求无过错，就能长期干下去，持这种想法的馆员不在少数，而且他们平时也是以这种态度上班的，他们不求功，也就不求进步，更不用谈创新精神和竞争意识了。针对这种情况，建立公开的、优胜劣汰的竞争机制，可以使真正有才的一部分人脱颖而出，并给予重用。这会给其他馆员造成不进则退的压力，激励他们努力工作、多读书、积极创新，从而大大提高服务工作效率。

建立激励机制，能有效激发馆员积极性、创造性。在图书馆管理工作中如何运用激励机制呢？从组织行为学、管理心理学等相关原理可知，所谓激励，就是引发需求、激发动机、引导行为、达到目的的心理过程。在图书馆中运用激励机制，就是为了充分调动人的主观能动性，使他们发挥最大的效能，实现图书馆的发展战略，为读者提供优质服务。而要想建立起科学的激励机制，就必须先制定出科学合理的绩效评估系统。绩效评估就是对组织内各部门工作完成情况的客观评价，它既包括结果性指标又包括过程性指标，目的在于了解每个岗位的职责及任务要求，以便及时调整和改进工作。评估体系为激励提供了依据，有了规范的评价，才能有针对性地调动员工的积极性，也只有这样，才能取得激励作用。绩效考核的目的就是通过对被考评者工作表现的综合评定来实现的，因此，如何设计出合理的评估指标就显得尤为重要。传统评估体系以资历为准，严重抑制了职工开展创新的热情，因此，科学、合理的评估体系应重业绩、轻资历，促使员工

把他们拥有的知识与潜力应用于对组织产生效益的现实活动之中。绩效考核体系应包括业绩指标与岗位评价两部分。在考核指标体系设置过程中，要对考核内容进行逐一量化，并按各要素评分情况汇总打分，将其作为评价员工能力与业绩的重要依据。同时应采用定性指标与定量指标相结合的方式来设计考评体系。此外，还要采用团队绩效评估，把个人业绩纳进去，让个体与团队结成利益共同体，从而促进高校图书馆整体绩效的提升。

（二）激励机制建立的具体方式

对图书馆员实施的激励机制，主要可以通过物质利益激励方法、个体精神激励方法、外部因素激励方法。下面我们主要介绍前面两种方式。

1. 物质利益激励方法

根据马斯洛的需要层次理论，物质需求就是人类最基本的生活需求。对馆员进行的物质激励包括工资、奖金及各项公共福利。物质利益激励就是最根本的激励手段之一，因为得到较多物质利益，是一般馆员共同的愿望，决定了馆员的基本需求是否能够得到满足。精神激励也叫自我实现，即通过个人努力去达到自己所期望的目标。物质利益激励，是个人精神激励与外部因素激励之根本。因此，建立有效的物质利益激励机制，对调动广大图书管理员积极性具有重要意义。在高校图书馆推行激励机制过程中，适当的物质利益激励是必需的。只有这样才能更好地提高馆员积极性和主动性，激发馆员的创造潜能。因为这是提高图书馆馆员生活环境，提高生活质量之根本，更是馆员学习、工作之根本。

2. 个体精神激励方法

对个体进行的个体精神激励主要包括榜样激励、荣誉激励、绩效激励、目标激励、理想激励等。

（1）榜样激励

高校图书馆管理者应建立自己的部门、单位楷模、典范，同时，对模范、榜样给予必要的奖励（包括在物质上、精神上、升迁上、训练上，等等）。这就增加了馆员战胜困难的决心，以及学习新知识，获得新技能的渴望。

（2）荣誉激励

根据马斯洛的需要层次理论，获荣誉对于个体来说，是一种更高的精神需求。这一需要强烈地促进了人类进一步的成长。充分利用荣誉激励，能够满足馆员自尊需求，能大大调动馆员学习、工作积极性。高校图书馆借助这一激励途径，使馆员认识到其自身的卓越，同时，还可以较好地调动其他馆员学习和工作的积极性。

（3）绩效激励

对图书馆员进行绩效激励既能激发出每个馆员工作的积极性和创造性，又有利于提高图书馆整体服务水平。高校图书馆要以科学、合理、公正、公开的形式进行绩效考评，使馆员对其绩效考评结果有所了解，对表现优秀的人来说，这就是激励，对表现一般或者比较差的人来说，同样有鞭策作用。在此基础上，还可以根据不同情况给予相应的奖励。高校图书馆在对这一绩效进行评价后，能给全体馆员以鼓舞，促使馆员产生学习动机。而这一激励又以绩效考评的公正、公平、公开为前提。

（4）目标激励

目标是人们进行活动所必须遵循的基本要求。适当地制定目标能够引导人们行为的方向，另外还具有调控与激励功能。因此，制定组织目标是提高工作效率的重要环节之一。人类的思想与行为是有一定目的性的，确立恰当和特定的目标，便能对人的动机进行有效激励，感召并激发人为此而主动奋斗。例如，为了使学生更好地掌握专业知识，教师可设计出不同难度的教学方案来帮助学生进行选择，从而提高教学质量。高校图书馆应结合自身形势与任务，制定出在一段时间内可行的组织目标，并且使馆员们有意识地为达到这一目的而努力，使馆员把压力转化为动力，使其内在潜力得到最大程度的开发。

（5）理想激励

怎样把馆员本人的追求、理想同图书馆工作相联系，也就是使馆员实现自我价值和图书馆发展之间的协调统一，既是科学又是艺术。管理者要懂得馆员的追求和理想，采用多种方式对馆员个人目标进行有的放矢、循序渐进的调整，并力求把馆员理想和高校图书馆目标相结合，使高校图书馆与馆员共同成长。

第二节　高校图书馆知识管理创新

一、图书馆知识管理的特点和内容

我们这里所说的图书馆知识管理，实际上指的就是图书馆对显性知识和隐性知识的加工、整理、搜集、存储，使知识资源得到最大程度利用的过程。

（一）图书馆知识管理的特点

第一，知识管理是以人为本理念的集中体现，将更加重视人的作用和发展。图书馆知识管理通过开发图书馆员工潜能，加强职业培训与继续教育，不断提高员工的知识水平以及获取知识和创新知识的能力，并激励员工将其知识与智慧应用于业务与服务之中。图书馆应高度重视拥有和培育大量新型知识人才，做到人尽其用，在尊重个人价值与自我实现的基础上实现图书馆集体价值的目标。

第二，在图书馆管理中注重组织集体知识的共享与创新。图书馆知识管理的主要目标就是促进内部员工之间的知识交流与共享。进入知识管理时代，创新需要不同的人相互合作，需要不同的知识相互碰撞。因此，不论馆员的学历、知识背景如何，图书馆提供知识交流的平台是至关重要的。

第三，在信息技术快速发展的现代，促进人与技术的结合是图书馆知识管理的重要任务之一。现今，信息技术日新月异。图书馆是接触信息技术最密切的部门之一，这不仅是因为图书馆的纸质资源及电子资源中包含这类图书资料，还由于图书馆是直接使用信息技术的部门。不论是纸质馆藏的信息化管理，还是数字图书馆的迅猛发展，都离不开信息技术。图书馆员工直接接触信息技术并应用在工作实践中。因此，图书馆由物质和人力资源的条件促进人与技术的结合。人不能取代技术，技术也不能取代人。取二者的长处并将之有效地结合是图书馆知识管理的特点之一。

（二）图书馆知识管理的内容

图书馆既是知识（文献与信息资源）的集散地，又是实施知识（文献与信息资源）管理和服务的组织机构，其存在的意义就是最大限度地获取、挖掘、保存、利用和传播知识资源，为读者提供获取知识的窗口和有效的知识共享平台，从而实现知识创新与科技创新。概括来说，图书馆知识管理的内容包括以下两个方面。

第一，知识资源管理，它属于“科学的知识管理”范畴，通过对文献信息资源的知识管理来提升图书馆的服务效益[①]。

第二，知识组织管理，它属于“组织的知识管理”范畴，主要目标是提高图书馆自身管理效率。

科学的知识管理与组织的知识管理有机结合，以共同实现图书馆的最终目的——知识服务。

二、基于知识管理的图书馆运行机制

（一）基于知识管理的图书馆运行动力机制

第一，图书馆是为读者服务的，满足读者的知识需求是图书馆运行的主要驱动力。实际上，知识管理是一个包括四个环节的过程，这四个过程分别是知识的生成、知识的积累、知识的交流、知识的应用管理。知识管理以满足人的知识需求为基础，图书馆知识管理应以满足读者的知识需求为目标。第二，图书馆运行动力机制的结构。图书馆的能源系统由图书馆运行动力机制的内核结构和外围结构两部分组成。

（二）基于知识管理的图书馆运行整合机制

管理的核心在于对现实资源的有效整合。知识管理属于一种管理活动，自然也离不开要素（资源）的整合。图书馆知识管理是指一个图书馆整体上对知识的生成、积累、交流和应用的管理过程，目的是提高图书馆知识工作者的生产力，提高图书馆的应变能力和反应速度，创新知识服务模式，增强知识服务的核心能力，更好地满足读者的知识需求。在图书馆知识管理过程中，观念、组织、人力、技术和知识等要素相互交织、相辅相成，共同造就图书馆知识管理的成功。与此相应，图书馆知识管理的整合机制也从这几个方面展开。

---

① 周玉霞．基于知识管理的图书馆管理创新［J］．办公室业务，2020（09）：161+163.

图书馆知识管理的整合机制涉及整合中心、整合对象和整合过程。其中，“基于知识管理的图书馆良性运行”是整合中心，各种要素的整合都要围绕这一中心来进行；观念、组织、人力、技术和知识是整合对象，或称整合客体，整合对象的展开就是整合过程。

（三）基于知识管理的图书馆运行激励机制

知识管理中的激励是指激发知识员工的动机，使之产生实现组织知识管理目标的特定行为的过程。从结构上分析，图书馆知识管理的激励机制由激励标准、激励手段、激励过程三个要素组成。

（四）基于知识管理的图书馆运行控制机制

1. 基于知识管理的图书馆控制对象

从本质上来看，基于知识管理的图书馆运行控制的对象就是图书馆的知识管理过程，这样既能涵盖图书馆的多种资源，又可以把握图书馆知识管理的主脉。

2. 基于知识管理的图书馆控制过程

基于知识管理的图书馆控制过程大致可分为以下四个步骤。

第一，对控制标准予以确定。

第二，对工作绩效进行衡量。

第三，比较实际绩效与标准。

第四，采取管理行动来纠正偏差或不适当的标准。

3. 基于知识管理的图书馆控制系统的特征

基于知识管理的图书馆控制系统是指向管理者提供与图书馆知识管理有关的战略、结构和手段是否有效地发挥作用这一信息的正式的目标设定、监督、评估和反馈系统。当图书馆知识管理出现偏差时，控制系统就会向管理者发出警告，并给他们留出对机会和威胁做出反应的时间。

概括来说，基于知识管理的图书馆控制系统应具备这些特征：（1）使控制系统与图书馆文化相匹配；（2）控制应与图书馆组织结构相适应；（3）控制应与图书馆主管人员的个性相适应；（4）强调例外；（5）战略性；（6）引导性；（7）预见性；（8）客观性；（9）灵活性；（10）经济性。

三、信息化时代知识管理与数字图书馆资源建设的优化

（一）数字图书馆资源建设现状分析

数字图书馆是采用现代高新技术所支持的数字信息资源系统，其总体目标是在宽带 IP 网上形成超大规模的、高质量的中文资源库群。值得注意的是，我国数字图书馆的信息资源现在还远远不够充足，很多信息难以进行及时加工、整理和归类，为读者所利用。同时，各信息资源单位贪大求全，信息资源大量重复，各类特色数据库有待开发。因此，图书馆必须抓住机遇，运用知识管理的理念指导信息资源的建设。

（二）知识管理在数字图书馆资源开发中的运用

1. 知识创新和知识重组——改变传统的藏书建设理念

随着社会发展，传统的藏书建设理念正在受知识创新和知识重组的影响而发生改变。传统图书馆的馆藏建设更加注重开放知识的管理，而忽视隐性知识的管理。事实上，隐性知识存在于人们的头脑中，是在工作中获得的经验知识。知识重组就是对隐性知识进行有效的组织、收集和创新，最终实现知识的共享和交流。

图书馆知识管理的主要目标是有效开发、研究和应用显性知识。面对如今的数字图书馆时代，从事知识创新是图书馆员的重要使命。图书馆员必须利用知识的原材料，通过科学探究把握知识之间的关系，生产和创造新知识。

2. 知识仓库——数字图书馆资源建设的核心内容

在数字化领域，图书馆利用现代化技术将更多的特色资源和常用资源数字化，最终形成知识仓库。知识仓库不仅仅存储着知识的条目，而且存储着与之相关的信息，其生命力在于不断的更新，才能提供全面、广泛和准确的信息源。

3. 知识管理在人才培养上的开发与利用

知识管理理论的一个重要思想就是强调人在知识管理过程中的核心作用。数字图书馆有必要设置新的职务来开展知识管理工作。其中，引入知识主管（CKO）体制是一种行之有效的做法。

第四章　高校图书馆服务管理创新

本章为高校图书馆服务管理创新，分别论述了高校图书馆信息化服务的创新与发展、高校图书馆社会化服务的创新与发展、高校图书馆阅读推广服务的创新与发展几个方面。

第一节　高校图书馆信息化服务的创新与发展

一、大数据时代高校图书馆信息化服务建设内容

（一）大数据时代高校图书馆信息化服务建设的原则和要求

1. 大数据时代高校图书馆信息化服务建设的原则

新时期在推进信息化服务体系建设的过程中，要注意坚持以下几个方面的原则。

（1）用户主导原则

用户主导原则即高校图书馆对于信息化服务体系的建设，应该将满足用户的需求、提高用户的体验感作为核心工作，从技术的创新、资源的整合和开发角度促进用户需求得到极大的满足，探索将用户作为核心的创新服务体系的构建，保持信息化服务体系高效化稳定运行。

（2）环保低碳原则

环保低碳原则即高校图书馆探索信息化服务体系的构建，要实现对现有资源的高效化利用，并且要尽量对服务成本进行合理的控制，确保信息化服务体系建设能为环保建设服务。在信息化服务模式中，高校图书馆可以通过开发高校图书

馆联盟系统的方式寻求与其他高校图书馆的合作，对现有资源实施高效化利用，对服务成本实施科学合理的控制，促进资源利用率的逐步提升。

（3）便利性原则

便利性原则即应该按照信息时代用户群体对图书馆服务简约化和便捷化要求的变化，在信息化服务体系的建设中尽量提供相对简单的操作，强化智能服务和智慧服务在服务中的影响力，对用户群体需求进行科学的预测，并做出针对性预测，突出服务效能，减轻用户压力，促进综合服务质量得到进一步提升。

2. 高校图书馆信息化服务体系建设要求

在全面探索建设和发展的过程中，高校图书馆要想对信息化服务进行创新，优化信息化服务综合效果，就要明确建设要求，促进建设工作的高质量开展。

（1）技术要求

在信息化服务体系建设实践中，要积极探索智慧服务体系中云计算技术、大数据技术和智能传感技术的合理化应用，并设定统一的技术标准，针对用户信息进行科学的分析，在了解用户需求动态变化情况的基础上，保护用户隐私信息，并结合技术的应用创新信息化服务，更好地为用户群体提供高质量的服务，切实推进图书馆信息化服务整体进程。

（2）人才要求

高校图书馆信息化人才队伍的建设关系到信息化服务建设工作的综合效果，因此在大数据时代背景下，要结合信息化服务创新发展的现实需要加强对人才的培养，提高人才信息素养、营销观念和服务意识等，使他们能为用户群体提供更加专业、高效的图书馆服务。

（3）环境要求

在高校图书馆探索信息化服务体系建设的过程中，要引入以人为本的工作理念对环境进行创新，对服务环境实施动态化全程监控，争取为用户群体打造健康的空间，促进信息化服务的长效化开展，使信息化服务能得到用户群体的高度认同。

（二）大数据时代高校图书馆信息化服务建设的主要内容

基于大数据时代社会环境变化的影响，在图书馆探索服务的创新过程中要注意结合不同的建设层次针对建设具体内容进行分析，明确信息化服务建设的核心思想、重点内容，引入科学建设思想，力求能为高校综合管理工作提供良好的支持。

1. 高校图书馆信息化服务建设内容框架

针对在信息技术影响下的图书馆信息化服务建设内容情况进行分析，学校在对信息技术和大数据技术进行整合应用的基础上，可以从深度服务、协作服务和网络服务三个层次探索信息化服务体系的构建，确保在信息化服务体系的支撑下能对图书馆发展实践中涉及的全媒体资源进行整合，对知识服务评价进行深入挖掘，从多角度创新高校图书馆信息化服务体系。具体信息化服务体系内容框架设计如图 4-1-1 所示。

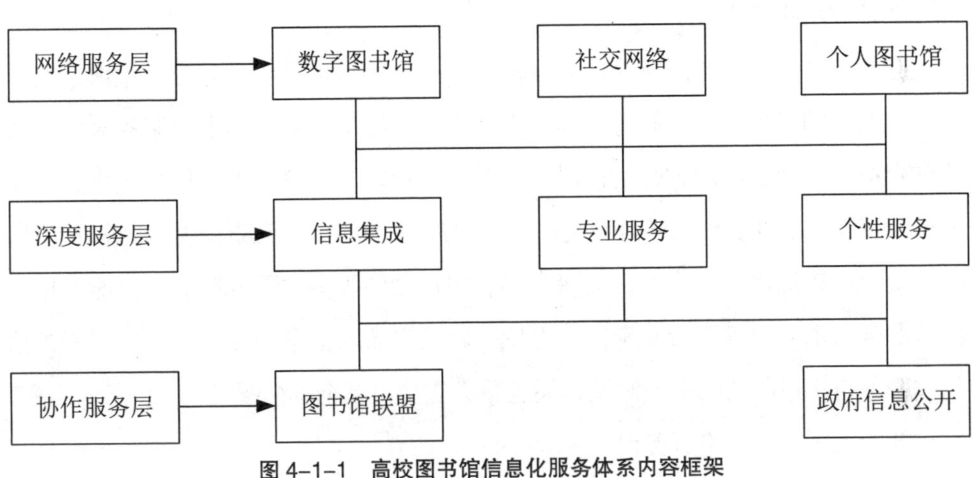

图 4-1-1　高校图书馆信息化服务体系内容框架

2. 高校图书馆信息化服务建设的具体内容层次

对图书馆信息化服务体系进行建设的过程中，为了更好地发挥信息化服务的效能，可以从网络服层次、深度服务层次以及协作服务层次角度针对信息化服务建设具体内容进行解析。

（1）网络服务层的建设

高校图书馆在建设信息化服务体系的过程中为了能借助信息技术的支持和大数据技术的应用，对用户需求进行整合，按照提升用户体验的追求，探索多元化服务的构建，将服务范围拓展延伸，结合互联网、物联网技术的应用探索，多种服务模块的设计和应用，提高信息化服务效能。具体结合高校图书馆信息化服务建设的要求，在网络服务层的建设中设置数字图书馆模块、社交网络模块和个人图书馆模块。

①数字图书馆网络服务模块

主要建设功能在于能拓展用户群体的信息共享平台，能通过对网络和信息技术的改造从服务和功能方面对高校图书馆信息推送功能进行优化，循序渐进地提升信息服务活动的整体品质。如在高校图书馆用户群体相对稳定的情况下，用户下载图书馆客户端就能对自身在图书馆中的资源使用情况进行查询，并针对具体服务情况进行咨询。同时，数字图书馆平台还能按照用户群体的需求提供个性化的服务，服务效能相对较好。

②社交网络模块

高校图书馆信息化服务建设方面涉及的社交网络模块主要是受到微博社交平台发展的影响提出的，在微博得到广泛应用的情况下，高校图书馆服务对象与微博受众群体出现了高度重合的情况，针对这一现象，高校图书馆信息化服务工作就可以依托微博和百度贴吧等社交平台，通过图片、视频等载体与用户进行互动，并为受众群体提供新书推荐、书籍查询、用户预约等多方面的服务，也能对用户群体服务需求习惯等进行确定，全方位了解用户需求信息的变化，实现图书馆信息化服务与用户需求的有效对接，促进服务质量得到全方位提升。

③个人图书馆网络服务模块

此模块的构建在一定程度上实现了将用户作为服务主导的服务模式创新探索，在个人图书馆中，用户能够结合自身服务需求的动态变化综合利用图书馆信息资源，并积极探索信息仓库的构建，突出图书馆在服务个人需求方面的独立性。同时，基于大数据技术的支持，用户还能有效控制图书馆服务方面涉及的干扰信息，完成对文献内容的编辑和评论，并适当地查阅他人的公开信息，满足自身的个性化需求。

（2）深度服务层的建设

对高校图书馆信息化服务建设的过程中对深度服务层的建设能结合对数据信息的整合应用，拓展数据挖掘工作，增加数据深度。一般而言，深度服务层的构建主要涉及信息集成模块的建设、专业服务模块的建设和个性服务模块的建设。

①信息集成模块

在大数据时代数字网络技术的支撑下，结合大数据技术的应用，高校图书馆能在服务创新方面对相关信息资源和数据资源实施动态化的整合应用，逐步构建能优势互补的服务体系，方便用户能高效率完成对相关信息资源的检索和下载。高校图书馆在对服务进行创新的实践活动中，要注意发挥信息技术优势和大数据技术优势，有效整合资源，并按照不同的类别对资源实施分类整合和归档，适当对相关信息资源和数据资源进行加工处理，在信息集成的情况下深入挖掘相关信息资源中的隐藏信息，对杂乱、无序的信息资源进行合理安置，确保能实现对高校图书馆信息资源的高效化利用，能多元化满足用户群体的需求，保障高校图书馆信息化服务建设呈现出更加科学稳定的发展状态。

②专业服务模块

信息时代高校图书馆用户群体对信息资源和数据资源服务的专业性需求明显提高，特别是综合类大学图书馆需要面对多种类型的学生群体，学校管理工作、科研工作涉及的信息源范围相对较大，内容也较为复杂，这就要求高校图书馆在对信息化服务进行创新的过程中，应按照不同领域、不同专业的需求构建侧重点不同的差异化专业服务。在具体针对专业服务进行创新的过程中，高校教师可以针对不同形势、不同专业用户需求进行分析，并对图书馆信息化服务人员实施专门的培训，使他们掌握图书馆综合服务专业能力和信息化服务能力，能按照用户群体服务需求的变化对服务活动进行动态化调整，真正借助信息化服务体系的构建促进服务活动的高质量开展。此外，值得一提的是在对专业服务模块进行设计和应用的过程中，图书馆管理部门应该积极探索与相关专业人员的沟通和协作，在交流互动中不断对专业服务进行完善，促进专业服务工作的高效化开展。

③个性化专业服务模块

个性化专业服务主要是针对用户个性化需求的满足提出的服务，个性化专业服务的组织实施对高质量促进服务体系的创新产生了积极影响。具体针对个性化服务进行解析，能看出个性化服务主要是高校图书馆在开展综合服务工作的过程中，有意识地践行人本化的服务思想，结合大数据技术的应用针对用户需求的动态变化进行分析，在分众化管理模式的作用下能有针对性地按照用户需求的变化对服务内容、服务时间、服务方向等进行调整，确保能最大限度地激活用户群体参与图书馆综合活动的兴趣，在个性化服务的支撑下展现高校图书馆的综合服务效能。

（3）协作服务层的建设

协作服务层也是高校图书馆服务内容框架中较为重要的构成元素，按照大数据时代高校图书馆发展过程中受到的影响以及具体发展需求，新时期在全面推进协作服务层建设的过程中，可以尝试从图书馆联盟建设和政府信息公开服务建设的角度进行科学系统的分析。

①图书馆联盟模块

大数据技术的应用和信息技术的高效化发展，在一定程度上使社会大众对信息服务和数据资源服务的要求明显提升，如果单纯地依靠高校图书馆开展传统服务工作，将无法满足高校管理和图书馆服务社会工作的现实需求。因此为了能显著提高图书馆的服务质量，在大数据时代背景下帮助高校图书馆寻求全新的发展契机，在针对高校图书馆综合服务模式进行创新的过程中，就应探索图书馆联盟的构建，在多地区高校图书馆有机合作的基础上实现信息资源共享，有意识地提高综合服务质量，从多角度满足用户群体的数据信息服务需求。

②政府信息公开服务模块

高校图书馆与地方政府信息公开服务工作的开展和服务社会决策的制定存在紧密的联系。所以在对高校图书馆综合服务模式进行改进创新的过程中，高校图书馆结合数据信息技术的应用，可以对国家方针政策方面的信息进行整合，形成政府信息链，为政府信息公开提供相应的辅助，在提高服务质量的同时也对服务的领域和范围进行拓展，促进高校图书馆综合服务质量得到增强。

二、大数据时代高校图书馆嵌入式服务创新

（一）高校图书馆嵌入式服务的内涵和产生

嵌入式服务模式是图书馆在新时代不断改革创新的主要方向，是一种向用户

环境中融入为用户提供多种类型服务的模式。我国高校图书馆在针对嵌入式服务进行探究的过程中，相关研究人员针对嵌入式服务的内涵进行了科学界定，嵌入式服务属于较为广泛群体服务的范畴，并且这种群体性服务能够尽可能在小范围内将基层经验、观察体悟等有机融合在一起。现阶段在高校图书馆发展实践中，嵌入式服务能够借助虚拟嵌入和组织嵌入等实现，并且图书馆在引入嵌入式服务后，能按照用户工作需求的变化对各项工作进行调整，突出嵌入式服务的专业性、精准性。

高校图书馆嵌入式服务的形成是多种因素共同作用的结果，具体表现为在大数据时代背景下高校图书馆发展方面的用户需求逐渐发生变化，针对图书馆信息服务提出的要求明显提升，在一定程度上促使高校图书馆服务模式出现了巨大的变化，嵌入式服务成了服务变革的主要方向。具体结合高校图书馆嵌入式服务的产生进行分析，主要受到以下三个方面因素的影响。

1. 用户服务需求的驱动

在当前大数据时代，泛在信息环境影响下，用户逐渐开始摆脱时空的束缚，能高效率、便捷化地完成对知识的获取，并且知识获取途径更加多元有效。这就要求高校图书馆在为用户群体提供多元化服务的过程中，要综合分析人性化、智能化等方面的影响因素，在提供多种类型辅助支持的前提下，确保能高质量地为用户提供多种类型的服务。与此同时，要随时随地地向着用户环境模式融合，确保在为用户提供服务的基础上保障用户获得无缝衔接的服务体验。

2. 用户学习方式变革的驱动

在大数据信息环境下，高校图书馆服务对象的学习方式也开始呈现出多元化的发展特色，多种不同类型的学习模式开始盛行，特别是在学习模式出现后，用户群体针对高校图书馆服务需求的要求更加明显，多种新型方式得到了良好的应用。高校图书馆在开展管理和服务工作的过程中，只有能把握服务需求的变化，探索多种新型学习模式的有机整合，才能真正按照用户需求特点的变化将服务嵌入到用户环境体系中，促进良好学习环境的构造，为高校图书馆科学稳定发展提供有力的支持。

3. 学科服务不断延伸的驱动

对于高校图书馆建设发展而言，学科服务的开展和学科服务的不断创新不仅要求高校图书馆能提供针对性、辅助性融合的服务，而且希望高校图书馆能为用户提供多元化、便捷化的沟通渠道，促进用户之间协作模式的构建，将学科服务和嵌入式服务有机整合在一起，为用户群体提供高质量的产品和服务，尽量满足用户群体的多元化需求，确保嵌入式服务能得到高校的认同和肯定，在高校图书馆的不断探索和推进以及高校人才培养工作积极配合的情况下，使学科服务能真正彰显其价值。

（二）大数据时代高校图书馆嵌入式服务创新措施

高校图书馆是社会知识信息中心，对于社会文化体系的建设和高校育人工作的开展起到良好的促进作用，图书馆综合服务工作的开展对高校育人工作和科研工作的科学稳定开展产生至关重要的影响。特别是对于双一流学校建设来说，结合大数据时代的影响积极探索信息化服务创新，能更好地发挥高校图书馆的重要作用，循序渐进地提高学校现代化建设和发展的整体水平。具体结合大数据时代的影响，高校图书馆探索服务创新的过程中，可以从以下三个方面入手进行分析。

1. 树立数据分析理念，强化数据分析水平

受到大数据技术广泛应用的影响，高校图书馆涉及的数据信息总量明显增多，数据信息的价值密度也出现了巨大的变化，对高校图书馆针对相关数据信息整理工作的开展提出了全新的要求。在此情况下，高校图书馆为了能结合嵌入式服务促进服务工作的创新，要尝试构建科学的服务框架，并采取有效的措施对价值密度进行控制，争取在海量的信息中挖掘出有价值的信息，在对相关数据资源进行转换、整合的基础上，提高图书馆对数据信息的处理能力，确保借助综合数据信息的应用，图书馆能洞察市场动态发展情况，能对市场未来发展方向进行准确的预测，并借助科学的匹配服务和优化服务确保用户群体个性化需求得到极大的满足。在此基础上，高校图书馆要整合用户需求信息，构建动态化信息追踪和信息调整模式，适当提升高校图书馆业务服务的竞争力，不断对服务范围进行拓展延伸，借助高质量的服务争取获得用户群体的认同和肯定，增加用户黏度，维护高

校图书馆在现代化建设中实现持续稳定发展的目标。以此为基础，高校图书馆对于信息服务的创新，应该将科学的数据分析作为前提，借助大数据技术的支持不断对数据分析能力进行优化，并针对重点信息进行搜集和整理，加强对论坛、微博、微信等客户端的广泛应用，增强客户服务的精准化和个性化程度，加快高校图书馆嵌入服务的综合发展水平。如此就能通过数据分析理念的树立，促进数据分析工作的系统变革，通过不断对数据分析能力进行系统的优化创新，改进图书馆服务整体水平，确保高校图书馆在现代社会服务价值能得到全方位彰显。

2. 创新嵌入式服务内容，构建多元化服务体系

大数据时代对高校图书馆嵌入式服务进行创新，探索多元化服务体系的构建，能最大限度地发挥高校图书馆的服务效能，为高校图书馆更好地服务用户群体创造有利条件。在具体推进高校图书馆嵌入式服务创新的过程中，可以从以下几个方面对具体的活动内容进行优化设计。

（1）嵌入式用户教育服务活动的创新

高校图书馆承担着重要的社会教育任务，引入嵌入式服务理念对用户教育需求进行分析，科学合理地对教育方向进行确定，能增强用户教育的针对性和有效性，促进教育功用得到不断彰显，在有效发挥嵌入式服务作用的基础上，彰显图书馆教育综合效果。结合大数据时代的影响，高校图书馆在建设发展实践中要注意与宣传部、学工部等形成有机合作的关系，并在对数据信息资源进行充分挖掘的基础上嵌入用户教育活动。在具体教育实践中，可以尝试从用户思想政治教育活动、用户级综合教育活动、用户专业教育活动和用户信息素养教育活动角度进行研究，构建多元立体的教育活动体系。以嵌入用户专业教育活动为例进行分析，高校图书馆嵌入式服务的管理人员应该结合学校专业教育的组织实施情况，对用户群体专业发展需求和学习成长需要推动学科研究热点、学科前沿知识的变化以及更新学科最新研究成果方面的内容，为学校专业教育活动的开展提供有益补充，切实提升高校数据化服务支撑下的教育综合效能。

（2）嵌入式用户教学活动的创新

高校图书馆是高校教育教学活动的主要构成元素之一，大数据时代高校图书馆在针对服务活动进行多元探索的过程中，必须将为教学活动提供有力支持纳入

服务体系的建设方面，循序渐进地增强大数据时代高校图书馆的服务效果。在具体工作中，高校嵌入式图书管理人员应该认识到课程资源整合的重要性，并尝试针对学校专业课程组织安排信息进行系统的挖掘，配合对课程资源进行优化，为不同学科专业教育教学活动的开展提供多元化、个性化的服务，真正结合教师专业背景、能力水平方面的数据信息挖掘结果，推荐能凸显专业特色、学科发展前景、教育改革动态发展状态的资源和服务，彰显高校图书馆嵌入式服务的综合价值，使嵌入式服务得到用户的认同和肯定。

（3）嵌入用户科研活动服务的创新

高校科研活动是高校综合活动体系中极其重要的组成部分，高校图书馆在建设发展实践中对于嵌入式服务的创新，应将对科研活动的开展提供高质量的服务作为重要的切入点，从不同的角度进行探究。在具体工作中，高校图书馆嵌入式管理人员应该针对高校专业化定题活动、数据资源共享、学术资源导航等提供高质量的服务，真正将图书馆服务与高校科研活动的发展需求有机融合在一起，为科研活动的创新开展、科研成果的系统转化提供良好的支持，确保在高校图书馆嵌入式服务的支持下能促进高校科研探究活动与企业实践的有效对接，逐步将科研成果转化为企业生产力，助力我国经济社会的现代化建设和发展。

3. 创新嵌入式服务途径，增强图书馆服务影响力

在大数据时代背景下，高校图书馆在对自身嵌入式服务进行改革创新的过程中，应该正确认识相关数据技术应用产生的影响，能在全方位解读用户服务需求和服务格局变化的基础上探寻将大数据技术嵌入到图书馆服务工作中的具体途径，寻求用户对服务的高度认同和肯定。

其一，积极探索数字图书馆移动阅读服务平台的构建。高校图书馆在创新嵌入式服务途径的过程中，要注意对现有用户信息资源、文献资源等进行多元整合，并将不同的资源按照不同类别进行系统归类，在完善用户资源体系的基础上促进数字图书馆移动平台的构建，并将移动服务平台嵌入到用户的移动终端，方便用户能随时随地在网络平台上获取服务信息，实现对图书馆多元化数据资源的广泛应用，显著增强高校图书馆服务工作的综合发展成效。

其二，为用户开发多种类型的贴心小工具，能按照用户需求的变化利用工具

对各项数据共享工作加以调整，在小工具有效嵌入的基础上突出服务工作的针对性和实效性，为用户高质量获取相关数据信息创造条件，确保用户能随时随地对网络图书馆中的资源进行获取和使用，优化高校图书馆综合服务质量，确保高校图书馆的现代化价值和作用得到有效彰显。

其三，开通社交平台小程序，嵌入用户服务环境，确保高校图书馆管理人员能按照用户需求的动态变化向用户推送图书馆信息资源，增强服务便利性和针对性，能借助嵌入式服务活动的开展促进服务工作质量的提升，方便用户快捷获取数据信息，实现对高校图书馆数据资源的高效化利用。

其四，建设图书馆大数据平台，嵌入用户所需多种信息资源，针对用户在高校图书馆中获取信息的情况进行挖掘，并在系统整合相关数据信息的基础上探索个性化和精准化服务体系的构建，提高用户数据信息服务的深度和广度，提升服务效能，优化高校图书馆嵌入式服务的综合发展效能。

第二节　高校图书馆社会化服务的创新与发展

一、高校图书馆开展社会化服务的可能性分析

（一）国外图书馆具有丰富的经验可供借鉴

高校图书馆本身具有社会服务属性，具有开展社会化服务的多元基础。新时期，在丰富国际经验的支持下，高校图书馆能找准社会化服务探索的正确方向，从而优化服务创新效果。具体针对国外高校图书馆在探索社会化服务创新方面的经验加以研究，发现可供借鉴的经验集中体现在以下几方面。

1. 理念经验方面

国外高校图书馆服务创新资金多数来源于政府税金，因此图书馆向社会免费开放具有一定的基础。在国外图书馆管理工作中，社会公众能办理借阅证在图书馆中借阅相关图书，也能针对馆藏文献资源进行咨询获取相关的服务，还能在信息化平台上得到文献传递和免费讲座方面的权限，以人为本思想的渗透较为深入。

在图书馆管理方面，开放化特色和人性化特点相对较为明显。在国外，部分私立大学的图书馆原则上不会对社会开放，但是如果社会大众想要进去阅读，也不会遭到拒绝。我国在探索图书馆社会化服务创新的过程中，可以参考西方发达国家的先进经验，使高校图书馆能面向全体社会群众，创新服务模式，对社会化服务的覆盖面进行拓展。

2. 法律经验方面

国外高校图书馆面向社会探索服务创新的时间相对较早，现阶段经过长时间的发展和完善已经制定了较为健全的配套法律法规，能为图书馆社会化服务的规范化和有序化开展提供良好的支持。如美国在 1925 年就已经出台了《图书馆法》，在 1997 年又颁布了《图书馆服务与技术发展》，为图书馆社会化服务工作的开展和创新创造了有利条件。俄罗斯也高度重视图书馆社会化服务的创新，在 1994 年实施了《俄罗斯图书馆事业联邦法》，在法律文件中重点肯定了高校图书馆的社会化地位以及图书馆事业持续稳定发展的必要性，并从人力资源保障、经费保障等角度针对高校图书馆的发展做出了详细的规定。我国高校图书馆要积极主动地借鉴国外先进经验，对社会化服务法律需求进行多元分析，探索完善法律服务体系的构建，在法律的保障下增强服务的规范性，加快高校图书馆服务创新的法治化发展进程。

3. 开放形式经验方面

国外高校图书馆在实践探索方面取得的经验教训能启迪我国高校图书馆找准社会化发展方向，为社会化服务的创新改革提供完善的理论指导和经验参考。对国外高校图书馆取得的经验教训进行整合性的研究，发现开放化形式相对较多，并且能显现出不同的特色。以英国高校图书馆在这方面的探索为例进行研究，英国的高校图书馆面向社会开展综合服务较为重视，他们认为应该给予社会大众参与高校图书馆阅览的机会，受此影响，大量民众到高校图书馆阅览书籍，在高校图书馆服务对象中，有 5% 的读者就来源于社会。英国剑桥图书馆和美国公立大学图书馆等也在社会化服务创新方面做出了多元化的努力，社会化服务开放化程度明显。我国可以参考国外高校图书馆社会化服务开放化模式，汲取经验教训构建与我国高校图书馆发展需求相适应的综合服务方案。

4. 经营模式经验方面

对国外图书馆在经营模式方面的经验教训进行整理和归纳，能看出国外高校图书馆在向公民提供开放化阅览服务的同时，也通过多种经营方式向政府、企业提供服务，实现自我经营的目标，保障图书馆能实现多种效益的供应。如美国高校图书馆就引入了向全社会范围筹措资金的经营模式，每年有将近三分之一的资金来源于社会。俄罗斯高校在经营模式方面注重资源的优化配置和资源潜能的挖掘，通过举办展会、提供广告平台等多种模式有效促进了社会经济效益的获取。我国图书馆在发展过程中借鉴国外图书馆的经验教训，能更好地推进图书馆社会化服务，高校图书馆社会化服务创新也将成为可能。

（二）具有良好的政策环境支持

良好的政策支持和市场环境支持是高校图书馆探索社会化服务的重要支撑力量，有助于促进高校图书馆社会化服务创新可能性得到不断提高。下面就从国家政策支持以及市场环境支持角度针对高校图书馆社会化服务的可能性进行分析。

1. 国家政策支持作用

我国教育部高度重视高校图书馆管理理念的革新和管理模式的优化调整，并针对高校图书馆管理工作的规范化开展发布了《普通高等学校图书馆规程》，其中相关条款就涉及高校图书馆应该主动面向社会开放。在国家政策的支持下，高校图书馆在服务创新方面找到了正确的社会化变革方向，图书馆的社会化服务能力也不断增强，能在具体工作实践中基于全民阅读政策的落实，把握地方政策实施情况，针对社会化服务创新进行分析，在国家的政策支持下探索完善保障体系的构建，夯实高校图书馆社会化服务发展的现实基础，循序渐进地提高高校图书馆社会化服务的整体发展效能。

2. 市场环境支持作用

我国高校图书馆对社会化服务创新的探索具有广阔的发展前景和市场潜力。综合分析我国高等学校建设情况和高校图书馆服务情况，可以看出我国高校所在地相对集中，高校所在聚集地科研部门和高新技术产业较为集中，高素质人才比重明显偏大，表现出对高校图书馆数据文献资料的多元化需求。这表明高校图书馆具有广阔的社会化服务创新发展前景，图书馆如果能把握市场发展机遇，不断探索服务创新和社会化变革，就能有效激活馆藏文献资源的活力，提升高校图书馆社会化服务的综合效果，高校图书馆在建设和发展实践中也能得到用户群体的高度认同和肯定。

（三）图书馆自身服务优势明显

从高校图书馆自身发展优势角度进行分析，社会化服务创新的可能性相对明显，主要表现在以下三个方面。

1. 信息资源丰富

我国高校图书馆发展时间相对较长，并且不断基于服务创新和资源建设做出努力和尝试，积累了具有鲜明特色的文献资源和电子数据资源，特别是在全民阅读战略和科教兴国战略得到系统贯彻落实的情况下，高校招生规模不断拓展，在一定程度上促进了高校图书馆增加选购文献资源和电子数据资源，高校图书馆藏书规模进一步增大，文献检索系统技术水平显著提升，并且服务观念和服务质量也在一定程度上得到了优化创新，形成了相对完善的文献信息资源服务体系，能支持社会化服务工作的开展，在丰富资源的支撑下高校图书馆不仅能面向公众提供图书借阅服务，还能为用户分享多元化的数据信息，构建满足用户多元化需求的特色数据库，图书馆的社会化服务水平也会得到显著的提升。

2. 高素质人才和先进设备丰富

高校图书馆在长时间发展过程中引进了大量高素质人才，涉及图书情报人才、信息咨询人才和行业特色人才，并且高校本身也属于高级知识分子培养的重要阵地，这在一定程度上能为高校图书馆探索社会化服务提供有力支撑。同时，高校图书馆在长时间的建设和发展过程中，构建了完善的配套设施，如宽敞明亮的阅览室、温馨的休息室、完善的多功能室，并且还能提供信息检索、计算机服务等方面的功能，能有力支持社会化服务的开展，高校图书馆社会化服务创新的可能性相对较高。

3. 科学文化氛围相对浓郁

科学文化氛围的营造可以助力高校图书馆面向社会需求对综合服务工作进行

创新。结合当前高校图书馆面向社会需求开展综合服务的情况进行分析，能看出图书馆馆藏文献资源相对较多，并且在大数据时代高校图书馆积极探索完善数据库和数字图书馆的建设，形成了多样化的信息资源，能为社会大众提供完善的图书推荐服务、阅读引导服务等，还能为读者参与学习和阅读活动营造良好的氛围，促进读者更好地完成阅读学习活动。由此可以看出，高校图书馆良好科学文化氛围的营造在一定程度上提高了社会化服务组织实施的可能性，有利于促进高校图书馆的现代化建设和发展。

二、高校图书馆社会化服务与校园内服务的对比分析

进入21世纪以来，信息技术飞速发展，高校图书馆的发展动力尤为强劲，除了具备充足的资金支持，其社会影响力也在不断提高，基于这一发展形势，高校图书馆应做好自我定位，明确自身发展前景，确定发展方向，制定完善且系统化的发展方案，从而避免出现不必要的偏颇，以实现长远化的发展。值得一提的是，高校图书馆组织社会化服务活动以及校园内服务活动均已成为促进图书馆发展的重要因素，因此有必要对高校图书馆社会化服务与校园内服务两者间的区别进行分析，在明确两者差异的前提下，做好功能上的优化，达到高校的发展标准，并为之进一步营造有利的外在环境。接下来主要从发展背景层面探讨了高校图书馆社会化服务与校园内服务存在的差异。

（一）服务背景方面

校园内服务的发展背景主要体现在高校发展中对于图书馆的发展要求不断提高，其地位逐步提升，在这一发展形势下，高校对图书馆的发展提出了硬性要求，图书馆需要提供高质量的校园内部服务，其中包括文献资料库的建设、内部信息的优化、服务方式的完善等多个方面，要求在提供校园内服务的过程中确保信息的无缝衔接、实时传递，只有保证信息实时获取，才能突出图书馆存在的价值，进而满足师生的发展需求。特别是在当今信息技术飞速发展的时代背景下，高校内部图书馆为了进一步提高校园内服务质量，有必要明确自身所肩负的职责，构建系统化的文献信息中心，作为具有服务性质的文化机构，确定自身的职责范围，

并把握时代所赋予的挑战与机遇，进行有效的资源汇总、整合与归纳，确保服务效率合乎标准。与此同时，保证服务手段的多元化，并形成健全的信息管理机制，逐步发挥高校图书馆服务功能上的优势，突出其学术性及育人性等特征，为师生发展营造有利的外在条件。

图书馆社会化服务的发展背景，主要包括资源优势、技术优势、人才优势等。高校图书馆在提供社会化服务的过程中不仅具有明确的发展方向，同时在高校发展中占据重要地位。作为高校发展的支柱，高校管理层提高了对于图书馆资源库建设方面的重视，投入了大量资金，以期完善图书馆基础设施，形成健全的文献资料库。经过多年的发展，大部分高校在图书馆建设与完善过程中都形成了系统化的数据资源体系，极具实用性与完善性，基本满足了高校的发展需求，同时也大大提高了国内资源的利用，对于师生发展来讲无疑是巨大的动力。除此之外，高校图书馆社会化服务更加有助于丰富校外读者的精神面貌，逐步形成深厚的精神文化层次，这对于和谐社会的构建以及经济的进步无疑都是有利的。近几年来，我国社会经济稳步发展，高校图书馆的发展水平也呈现了逐年递升的趋势，在这一发展形势下，图书馆的建设以及社会化服务的优化已成了图书馆管理人员需要思考的重点，不仅要建立健全完备的文献数据库，还要提高资源利用率，发挥其应用价值。特别是在信息技术日趋更新的背景下，高校图书馆电子信息、文件总数日渐增加，这也要求图书馆不仅要明确自身的发展方向，同时要根据发展情况提供社会化服务，以彰显资源应用方面的优势。

不仅如此，其资源优势同样体现在基础设施以及技术手段的应用等方面，高校的发展过程具有一定的特殊性，不仅要培养高素质人才，还要重视精神文化方面的渗透，使人才发展更为全面、更加稳健，符合其发展及学习需求。作为学生精神文化水平提升的重要阵地，图书馆需要为校内师生提供高质量的服务，且要突出自身的社会性，彰显自身的社会价值，提供社会化服务，借助自身基础设施以及信息技术应用方面的优势，不断地进行技术更新，从而为社会化服务提供有利条件。值得一提的是，现阶段部分高校图书馆均已安装了电子扫描设备以及智能检测技术，并有针对性地建立了电子阅览室，这为社会化服务的落实奠定了坚实的基础，信息技术在图书馆策划服务中的运用已成为必然趋势，不仅可以彰显图书馆社会化服务的专业性与严谨性，同样可以利用信息技术手段，帮助校外读者突破空间与时间上的限制，借助手机及电脑等设备进行相关资料的阅读，其中包括网络借阅、信息咨询以及网络续借等，以此逐步形成完善且系统化的馆藏信息资源库，发挥资源的应用价值。

（二）服务重点方面

社会化服务策略的发展方向主要体现在以下几个方面。

首先，高校图书馆在发展过程中需要建立完善的服务机制，只有具备了制度保障才能约束图书馆的社会化服务行为，从而间接规范图书馆的发展环境，这也对图书馆内的工作人员提出了更高的要求，需要他们在实践工作中坚守岗位，明确自身所肩负的重任，逐步形成良好的服务秩序，从而确保社会化服务得以有效落实。任何机构或组织都应将制度建设作为前提，方可为自身的发展提供方向指导，确保发展全过程的专业性与严谨性。高校图书馆在组织社会化服务活动的同时，同样要有服务制度作为保障，与教育部门以及当地政府主动沟通、协调相关工作，切实发挥图书馆的社会化服务功能，对图书馆的发展提出明确要求，不仅要确定社会化服务的基本原则及概念等，而且要统一服务理念，建立完善的社会化服务体系，为该项工作的开展提供有利的外在条件。

其次，对文献资源库中的信息进行优化与更新，确保社会化服务具有系统化的资源库作为动力支撑，确保工作落实的有效性。这一过程中，高校图书馆同样要结合校外读者的阅读需求，不断地优化资源，对资源进行合理配置，尤其是资源购进环节，需要从多维度入手加以思考，充分考虑高校的发展情况以及图书馆的发展方向，结合当地的风土人情以及经济发展特色，不断地进行馆藏资源的完善，使之更加完备，进而满足校外读者的阅读需求。在这一过程中，要经常采用网络调查以及问卷调查等方式，确保社会化服务质量。

最后，校地共建共享图书馆。随着信息技术的飞速发展，越来越多的高校图书馆意识到积极引入信息技术的重要性与必要性，不仅要结合发展需求，加强数字化信息资源库的建设，而且要不断地优化文献资源，彰显图书馆的社会价值。值得一提的是，图书馆有效组织社会化服务活动不仅可以使有限的文献资源得到有效利用，提高其应用价值，而且有助于高校图书馆塑造良好的外在形象，激发其发展潜力，吸引更多校外读者进入图书馆，营造活跃的学习氛围，以带动校内学生的学习动力。

高校图书馆校园内服务工作的开展应从以下几个方面入手。

第一，营造良好的人文环境。高校图书馆的价值重在人文服务，在提供校内服务的过程中需要营造和谐、安静的人文环境，根据校内学生的学习以及发展需求，不断地优化图书馆内部功能，彰显人文精神理念，突出图书馆内部资源的应用价值，吸引更多学生进入图书馆。

第二，将图书馆作为第二课堂。图书馆在高校发展中具有特殊使命，需要做好学生学习方面的引导，为学生的学习提供有利环境。图书馆应加强宣传，对校内学生实施素质教育，比如，积极组织教育宣讲活动、学术交流会以及人文思想讲座等，以活动形式吸引学生的注意力，逐步提高学生的人文素质，突出图书馆第二课堂的功能。

综上，我们针对高校图书馆社会化服务与校园内服务的对比相关课题进行分析，分别从多个维度入手，探讨了两者的区别，并阐述了相应的见解，其中包括发展背景、发展方向等多项内容，希冀重视图书馆的发展，实现社会化服务与校园内服务的有机结合，彰显图书馆的社会价值与育人功能，既满足校内学生的学习与发展需求，同时又能满足校外读者精神文化层面的硬性需求。只有明确两者间的差异，才能突出功能上的优势，进而达到更好的发展成效。

三、高校图书馆社会化服务的实施途径

（一）社会化服务中“重点读者”服务模式

高校图书馆在基于社会化服务进行探索的过程中尝试从“重点读者”服务入手进行研究，在实际工作中对重点读者范围进行界定，并采用跟踪分析的模式对重点读者的文献需求、文献获取范围等进行确定，并依托信息优势对相关资源加以搜集和整理，在整合信息后向重点读者传递，为重点读者群体提供信息分析、信息整理、信息检索和信息推送等方面的多元化服务，构建主动信息服务模式，

突出信息服务活动的综合效果。高校图书馆从“重点读者”服务模式的创新角度对社会化服务进行设计和开发，积极探索全新服务模式的创新应用，能彰显出“重点读者”服务的价值和作用，对社会化服务的科学开展产生积极影响。

1. 应用“重点读者”服务的积极影响

结合高校图书馆在新时代探索服务创新的现实要求，图书馆在实际针对社会化服务进行探索的过程中，选取“重点读者”服务模式的构建和实施作为切入点，发挥“重点读者”服务模式的优势，提升整体服务效能。针对社会化服务中“重点读者”服务模式的应用优势主要表现在以下方面。

其一，能显著增强高校图书馆服务活动的主动性，服务效果的针对性也会明显增强，能为用户群体提供高质量的服务。高校图书馆在引入“重点读者”服务模式的情况下，将为用户群体提供多元化立体服务作为出发点和落脚点，能在全面分析用户群体需求的基础上对服务方向进行科学的确定，并借助对重点读者群体的构建，按照重点读者群体需求的变化对各项服务工作进行优化调整，增强服务的主动性，促进服务效能得到明显的提高，进而保证高校图书馆所提供的“重点读者”服务可以得到重点读者的认同，能最大限度地凸显高校图书馆读者服务的综合影响力。

其二，有助于促进高校图书馆良好服务形象的树立，确保高校用户群体能对高校图书馆职能和服务模式形成更加全面系统的认识。高校图书馆在完成对“重点读者”群体的建构后，能为学校专业教育、科研探索等活动的开展提供高质量的服务，能真正面向用户群体的需求开展读者服务，满足用户群体对读者服务的多元化需求，进而增强他们的信任感和认同度，帮助高校图书馆在“重点读者”群体内树立良好的形象，保障图书馆能高质量推进各项服务工作的开展。

2. “重点读者”服务模式的有效实施方式

为了能促进高校图书馆“重点读者”服务工作的科学稳定开展，新时期在对“重点读者”服务模式应用优势形成初步认识的基础上，还要从不同的角度探索“重点读者”服务模式的科学合理实施，保障能真正彰显“重点读者”服务模式的价值和作用，推动高校图书馆综合服务工作呈现出良性发展态势。以下对“重点读者”服务模式的有效实施进行细化解读。

（1）信息推送服务的开展

高校图书馆在组织实施“重点读者”服务的过程中，可以借助电子邮件、信息推送的方式向“重点读者”分享相关信息和资源，并保证每一个“重点读者”都能及时获取专业期刊，能按照“重点读者”需求对相关文献资源进行处理，为他们提供针对性的文献信息，主动优化读者服务。

（2）信息中介服务的实施

信息中介服务是“重点读者”服务体系中极其重要的构成元素，高校图书馆在开展信息中介服务的过程中可以加强与其他图书馆的合作，并发挥中介服务作用，方便“重点读者”群体能及时有效地在其他合作图书馆平台上获取资料信息，促进服务范围的有效拓展延伸，循序渐进地增强高校图书馆“重点读者”服务的综合影响力。

（3）信息检索服务的落实

在针对“重点读者”群体开展信息帮助检索活动的过程中，要注意综合分析“重点读者”信息需求的动态变化，能对他们需求的信息实施及时有效的筛选，并结合信息检索服务为“重点读者”群体获取信息资源提供良好的帮助，确保他们能高质量地为用户群体提供综合服务。

（二）社会化服务中移动服务模式

移动服务模式简单地说就是将移动客户端作为依托组织开展的多元化服务模式，发挥高校图书馆移动服务模式的价值和作用，将图书馆的综合服务向外部延伸，在移动互联网的支撑下实现社会化服务的目标。高校图书馆在积极探索社会化服务组织实施的过程中，要把握时代背景正确认识移动服务模式的重要性，从多角度针对移动服务模式的组织实施进行探究。

1. 移动服务模式的实践应用优势

科学合理地对高校图书馆移动服务模式进行开发，能发挥移动服务效能，助力社会化服务的开展，对社会化服务的创新改革产生积极的影响，提高社会化服务综合发展效能。具体针对高校图书馆移动服务模式的优势进行分析，主要体现在以下三个方面。

（1）服务成本低，服务涉及范围广

高校图书馆针对移动阅读服务模式进行开发，能整合数字化资源为用户群体提供信息推送服务，方便用户群体按照需求获取大量的信息，较之于传统信息服务模式成本相对较低，并且服务活动能向更加广阔的空间延伸。

（2）服务时效高，便捷化优势明显

对高校图书馆移动服务模式进行分析，读者在获取服务的过程中能使用专门的搜索引擎完成对图书信息的检索，能及时有效地获取所需信息和内容，满足用户群体的个性化需求，服务的时效性和针对性较高。

（3）服务人性化特色明显，能为用户群体创造便利

移动服务模式能实现与用户群体网络生活的有效对接，真正解决了用户群体获取信息资源和使用图书资源方面遇到的问题，能为用户创造便利，人性化服务优势也相对较为显著。

2. 移动服务模式组织实施措施

从移动服务模式的性质看，它属于图书馆社会化服务建设在信息时代的核心构成要素之一，促进移动服务模式的组织实施能加快高校图书馆社会化服务建设发展的整体进程。具体分析，高校图书馆可以从以下方面促进移动服务模式的科学推进。

其一，研发专属图书馆移动阅读软件，对服务空间进行拓展和延伸。高校图书馆在大数据时代背景下为用户群体提供移动阅读服务，要想解决大部分用户群体在移动阅读方面的问题，提高移动阅读对用户群体的吸引力，就要综合分析移动阅读服务建设需求，设计研发专属软件，并依托专属软件对服务空间进行拓展，满足用户群体的多元化需求，增强服务高效性。

其二，加强对电子数字资源的应用，逐步形成共享互用互借的综合服务体系。高校图书馆在优化移动阅读服务的过程中，为了最大限度地满足用户群体的需求，还要尝试探索电子数字资源馆的构建，从多角度对资源馆中的信息进行整合，并在有效拓展资源范围的基础上提供共享互借互用服务体系，循序渐进地优化综合服务效能，使高校图书馆开展的移动便捷化阅读服务能得到用户群体的高度认同和肯定。

（三）社会化服务中真人图书馆服务模式

真人图书馆服务工作中要认识到参与人员的重要性，重点引导图书馆参与人员在服务工作中分享个人经验教训、阅读理解和感悟、思想精髓等，促进图书馆参与者进行互动交流，在互动交流中帮助用户获取相关信息，深化用户群体的思想认识，循序渐进地提高高校图书馆相关资源的利用率，切实保证高校图书馆综合服务效能得到明显的增强。在高校图书馆全方位探索社会化服务模式的过程中，要深刻认识到真人图书馆服务模式是推进社会化服务的重要方法，发挥真人图书馆服务模式的重要作用，拓展服务的覆盖面，优化服务影响力，为高校图书馆综合应用价值的发挥提供相应的支持和保障。

1. 真人图书馆服务模式的应用优势

真人图书馆是高校图书馆应用现代信息技术对图书馆服务模式进行改革做出的实践探索，发挥真人图书馆服务模式的重要价值和作用，能搭建良好的信息服务平台，使图书馆综合服务水平逐步优化。真人图书馆服务优势主要从以下三个方面得到体现：其一，能促进馆藏资源的整合，真人图书馆服务模式的应用能拓展馆藏文献资源的推荐范围，逐步为用户群体提供个性化服务和精准化服务，提高受众群体对显性知识内容实现深化的认识；其二，能针对专业知识困惑进行解析，在真人图书馆服务模式的支撑下能发挥各领域专家经验的优势，对各领域专家针对相关问题的研究成果进行整合，并进行适当的分析和提炼，为隐性知识的表达和应用提供有力支持；其三，有助于促进精神文化素养不断增强，引导参与者参与到思想交流和思想互动中，对用户群体价值观引导、社会精神风貌的形成做出积极的指引，有效推动用户群体范围内精神文化素养的高效化传播。

2. 真人图书馆服务模式有效组织实施的策略

高校图书馆在全面系统推进社会化服务的过程中，要客观审视真人图书馆服务模式的重要性，并积极探索真人图书馆服务模式有效实施的措施，争取提升社会化服务效果，促使高校图书馆服务社会大众的能力得到明显的增强。

首先，积极构建真人图书馆资源库。在有效组织开展真人图书馆资源库建设的过程中，要注意对组织结构进行优化，并结合关键节点工作逐步改善综合工作质量，确保能发挥资源库的良性运行作用，满足用户群体的多元化需求。在具体针对真人图书馆资源库关键节点进行选择的活动中，要注意分析专家学者的作用，并构建专家团队分享经验教训和思想观念等，提升资源库信息综合质量，挖掘用户潜力，确保能不断为资源库发展提供有益补充。

其次，完善真人图书馆组织运行机制，从多角度保障真人图书馆稳定运行，高效化开展高校图书馆社会化服务。在具体工作实践中，要注意针对信息资源响应机制、信息服务激励机制、资源库演进机制进行建设和完善，针对用户需求提供直接响应，对用户分享经验教训和核心思想等进行有效的激励，促进资源库的动态化更新，不断对内容进行优化，循序渐进地促进综合服务质量得到显著提升，保障真人图书馆的稳定运行。

最后，积极推进图书馆业务实现综合发展和相互促进的目标。高校图书馆社会化服务的组织实施需要综合业务改进创新作为支持，因此在探索真人图书馆建设和发展的过程中，要尝试从多角度对馆内业务进行综合，促进多元业务的融合发展。在具体工作中可以综合分析学科、专业馆员服务的优化，积极探索阅读推广服务的创新，不断丰富馆藏资源，并有机整合多方面的综合服务工作，保障可以最大限度地彰显真人图书馆的价值和作用，加快高校图书馆社会化服务的组织实施进程。

第三节　高校图书馆阅读推广服务的创新与发展

一、高校图书馆阅读推广服务的特点与意义

阅读推广服务的组织创新能促进图书馆社会化服务能力的不断增强，也能助力高校图书馆依托大数据技术、信息技术的应用探索现代化建设发展契机，因此应该加强对高校图书馆阅读推广服务建设的重视，对服务特点和服务意义进行深层次探究，为高校图书馆在大数据时代背景下创新阅读推广服务指明方向。下面就结合高校图书馆实际情况，针对高校图书馆组织创新阅读推广服务的特色与价值进行科学的研究和解读。

（一）阅读推广服务的主要特色

高校图书馆处于大数据环境中必然会受到大数据时代数据信息传播特色的影响，在创新阅读推广服务的过程中，服务的主动性和全面性明显增强，服务活动范围也得到了极大的拓展和延伸，综合服务能力表现出明显增强的发展态势。整合现有研究成果针对高校图书馆阅读推广服务的主要特点进行细化分析，主要表现出以下特点。

其一，传统文化推广服务占据优势，服务效能提升。近几年，随着我国高度加强对传承中华优秀传统文化的重视，全民阅读工作得到贯彻落实，部分高校图书馆开始主动承担阅读推广方面的重要任务，积极组织开展读书节、读书周等阅读推广服务活动，产生了较大的影响力。而在这部分阅读推广服务活动中，对传统文化的推广和弘扬占据主要部分，以文化活动作为主要载体的阅读推广服务也取得了显著的成果。

其二，新型媒介在阅读推广服务中得到广泛应用，互联网技术、移动技术、智能服务技术成为高校图书馆开展阅读推广服务工作中的主要技术支持形式。特别是在新型媒介得到广泛应用的情况下，新媒介推广开始受到重视，如 Web2.0 支撑下开展的社会阅读推广服务成为新一代服务模式，并且在信息化社交平台的支撑下和数字图书馆建设引发高度重视的情况下，网络阅读推广服务开始成为重点，多元化的网络推广服务出现，极大地促进了高校图书馆阅读推广服务的整体性创新，吸引更多网络阅读者参与到阅读活动中，阅读推广服务的社会化延伸特色明显。

由此可以看出，在新时代背景下，先进的信息技术、先进的阅读推广服务理念在推广服务中得到广泛应用，极大地促进了阅读推广服务的整体性创新，对高校图书馆在现代社会寻求新的发展方向产生着积极影响，有助于推动高校图书馆向着现代化服务创新迈进。

（二）创新阅读推广服务的核心价值

对信息技术、数据集成技术等进行创造性的应用成为新时代背景下图书馆探寻全新发展路径的必然选择，综合分析大数据时代的影响，针对高校图书馆积极组织创新阅读推广服务的重要意义进行解读，发现阅读推广服务的重要价值集中从以下方面得到体现。

其一，阅读推广服务能促进高校图书馆主要服务职能覆盖范围得到有效的拓展。教育，特别是社会化教育是高校图书馆的最重要职能之一，在国家组织开展全民阅读的时代背景下，高校图书馆应对自身的社会功能和社会教育地位进行正确的定位，积极参与学习型社会的建设。同时，高校图书馆是学校文献资源和知识资源的集中地，本身承担着维护优秀文化遗产的责任，同时还承担着提高用户群体信息化素养、文化素养和思想道德品质的重要任务，所以高校图书馆要主动尝试为读者提供多种类型的阅读资源，促进高校图书馆基本职能的不断延伸。这对高校图书馆在大数据时代获得持续稳定发展产生着极其重要的影响。

其二，阅读推广服务的开展能为高校图书馆提供现代化发展内生动力。受到大数据时代的影响，群众的阅读需求逐渐向电子化阅读转变，这在一定程度上促使高校图书馆阅读推广服务的内容、方向和主要目标开始转变为在文献服务和信息服务的基础上对阅读推广服务进行创新，而阅读推广服务的创新开展能促进文献服务和信息服务的创新，对高校图书馆的发展产生着重要的影响。在优化组织阅读推广综合实践活动中，图书馆面向社会大众对服务模式进行创新，对阅读推广工作进行完善，能在大数据时代帮助高校图书馆找准现代化建设的切入点，促进阅读推广服务工作的持续稳定发展，为图书馆在现代社会的发展提供内生动力支持。

其三，阅读推广服务能促进提升图书馆主动履责意识。图书馆在服务创新活动中将师生群体和社会大众作为服务对象，而图书馆要想发挥自身职责，就要结合时代背景积极探索学习型校园建设的重要任务，能从读者需求的变化提供更加实用的服务，保障图书馆综合服务效能得到用户群体的广泛认同。在此情况下，高校图书馆在发展过程中积极探索阅读推广服务的创新发展，能帮助图书馆更好地履行其社会责任，激活高校师生群体的阅读兴趣，满足他们的多元化阅读需求和信息需求，切实提升服务效果。同时在对阅读推广服务进行创新的情况下，高校图书馆在发展过程中还能探索社会化服务体系的构建，有助于更好地参与到全民阅读推广工作中，为社会主义文化现代化建设助力。

其四，阅读推广服务创新规划能对图书馆服务影响力和服务价值的彰显产生积极的影响，使高校图书馆在现代化背景下向着更高的层次迈进。在组织开展高校图书馆阅读推广服务的过程中，将更为广泛的读者群体作为服务对象，将文献资源作为开展服务工作的资源保障，在实际工作中结合信息技术的应用拓展服务对象的覆盖面，发挥信息技术和大数据技术的作用对文献资源进行整合，针对数字化文献资源进行系统的开发，促进阅读推广服务向着移动平台延伸。同时，积极探索大数据技术在阅读推广服务创新方面的应用，使图书馆综合服务工作始终保持不断生成的发展状态，结合环境的变化进行适当的调整，阅读推广服务对用户群体的吸引力也能进一步增强，有助于促进综合服务功能的拓展，保障高校图书馆在高质量阅读推广服务的支撑下逐步实现现代化建设和发展的整体目标。

由此可以看出，在大数据时代背景下对高校图书馆阅读推广服务进行改进和创新，具有一定的现实意义，有助于为图书馆社会化服务体系的构建奠定坚实的基础。

二、高校图书馆阅读推广服务的现状分析

高校图书馆在不断尝试推进现代化发展和信息化建设的过程中，要注意针对新时代背景下的阅读推广服务创新进行研究，客观审视当前存在的问题，为有效制定服务措施提供理论支持，加快高校图书馆阅读推广服务转型升级的效率。

（一）阅读推广服务的发展现状

由于大数据时代信息技术推动图书馆管理和服务技术变革的影响，我国部分高校图书馆已经在阅读推广服务方面做出了相应的探索，促进了服务效能的提升。据解读管理和服务技术变革影响下的服务发展现状我们发现，综合服务组织活动出现了多元化的转变。

1. 阅读推广服务模式发生变化

大数据时代信息技术的应用和信息化服务模式的构建使高校图书馆提供阅读服务的能力出现了巨大的变化，人们一般在网络平台上获取图书馆服务信息，一站式服务理念开始融入高校图书馆服务体系中，图书馆阅读推广服务效率和效果

明显增强，在一定程度上造成了高校图书馆在创新阅读推广服务模式的过程中面临着巨大的挑战。

2. 阅读推广服务内容不断向着社会服务的方向延伸

图书馆在创新服务理念、拓展服务范围的实践活动中明确认识到传统馆藏资源文献方面的阅读推广服务模式存在一定的局限性，无法满足用户群体的多元化需求，因此为了能促使用户多元化和个性化的需求得到满足，新时期在开展阅读推广服务的过程中，要注意对用户服务的内容进行优化调整，适当借助在线平台和社交载体对阅读推广服务进行改进和创新，有效促进完善阅读推广服务体系的构建，争取逐步发挥数字化阅读推广服务的价值和作用，确保在新时代背景下阅读推广服务能得到用户群体的广泛认同。

3. 阅读推广服务重点出现转移的情况

结合大数据时代的影响进行分析，在大数据技术得到广泛应用的情况下，高校图书馆建设发展实践中以咨询和流通为重点的阅读推广服务逐渐开始向着多元化服务转移。在现代互联网技术的支撑下，发挥资源整合的作用，高校图书馆在创新阅读推广服务的实践探索活动中实现了用户数据与图书馆数据的良好交互，进而为用户提供数据下载、远程上传等方面的知识导航服务，综合服务效能呈现出明显提升的情况。

4. 阅读推广服务手段不断创新

新时代到来引发的技术变革和理念变革成为主流，对社会各行各业的发展造成了一定的冲击，具体到高校图书馆服务创新领域，体现在技术的创新发展和实践应用促使新技术、新理念支撑下的高校图书馆阅读推广服务运作模式出现了变化，在开展阅读推广服务的过程中开始尝试引入知识传递方面的服务模式，如“机器人服务”“24 小时自助还书”服务模式等，对原有服务手段进行创新，综合服务效能呈现出明显提高的态势。由此可以看出，在大数据时代背景下，高校图书馆建设发展实践中，传统的阅读推广服务已经难以与时代发展需求相适应，如何寻求创新发展路径成了高校图书馆发展实践中重点关注的问题，并且部分高校图书馆在阅读推广服务创新方面已经做出了多元化的探索，阅读推广服务的多元化创新和调整成了新时代背景下的重点内容。鉴于此，新时期在针对高校图书馆阅读推广服务研究的过程中，要客观审视新时代背景下阅读推广服务动态化发展的实际情况，对服务创新形成全新的认识，确保能逐步加快阅读推广服务的整体发展进程。

（二）阅读推广服务发展过程中遇到的问题

新时代到来引发了技术变革，高校图书馆为了应对技术变革做出了适当的调整，然而受到传统服务理念和服务环境的制约，在实际开展阅读推广服务的过程中，仍然存在明显的问题，对阅读推广效能的提升产生了消极影响。系统分析大数据时代高校图书馆阅读推广服务的基本情况，在服务体系中存在的问题主要表现在以下几方面。

1. 阅读推广服务工作中尚未构建完善的组织领导体系

阅读推广服务组织领导结构的建设不够具体，会对服务效果形成不良影响。现阶段很多高校图书馆已经在阅读推广服务创新方面做出了相应的探索，但是在缺乏专门性组织领导体系的情况下，高校图书馆阅读推广服务开展的统一指挥和协调力度不足，推广机制的建设也不够全面，阅读推广服务管理人员管理秩序性不足，并且在业务能力不足和推广服务目标不明确的情况下，部分阅读推广服务工作的开展往往流于形式，无法得到受众群体的认同和肯定，导致服务效能降低。

2. 阅读推广服务周期相对较长，新颖性不足

高校图书馆组织开展阅读推广服务往往集中在世界读书日前后，并且延续一个月的时间，甚至部分高校图书馆开展的阅读推广服务往往要延续到年末，中间间隔好几个月。阅读推广服务规划性和连续性不足，新颖性相对较弱，难以吸引受众群体的注意力。阅读推广服务建设滞后性的问题明显，无法真正实现阅读推广服务的目标，甚至会对高校图书馆的综合服务能力提升产生不良影响。

3. 阅读推广服务评价机制建设不到位

阅读推广服务评价机制建设不到位，致使评价作用的发挥受到极大的限制。针对高校图书馆在新时代开展阅读推广服务的基本情况进行分析，发现现阶段部分高校图书馆已经初步认识到阅读推广服务创新的重要性，并且也在这方面做出了不断的尝试和探索，在实际开展阅读推广服务的过程中投入了大量的人力、财

力和物力。但是在实际工作中，图书馆领导人员往往存在过于重视阅读推广服务效益的情况，并未针对阅读推广服务质量、读者感受等做出有效的评价，在评价反馈不足的情况下，高校图书馆难以构建阅读推广方面的动态化调整机制，导致阅读推广服务工作的开展创新性不足，并且部分服务工作难以得到受众群体的广泛认同，也会对阅读推广服务的持续稳定发展产生不良影响。

4. 阅读推广服务内生动力不足

在难以进行有效创新的情况下，服务效能的发挥受到极大的限制，也会对高校图书馆阅读推广服务的现代化建设和发展产生消极影响。结合大数据时代的背景进行分析，高校图书馆在把握时代背景的影响下构建创新型服务模式，引入主动服务和信息化服务的理念，综合服务水平得到了一定的提升。但是在具体工作中，由于创新化服务理念不足，现阶段并未构建创新型阅读推广服务动态调整机制，服务创新思想在阅读推广服务中的渗透不够具体，活动的吸引力相对较弱，难以构建完善的服务体系，也会对高校图书馆阅读推广服务作用的发挥和价值的彰显产生制约性影响。

鉴于此，为了寻求高校图书馆的创新发展方向，要重新定位图书馆服务创新方面对于新技术、新思想和新理念的应用，在服务创新中对传统管理模式中存在的问题进行处理，逐步构建健全的、能产生较强社会影响力的服务规划方案，确保能真正发挥服务效能，为高校图书馆在新时代背景下的健康发展奠定坚实的基础。

三、大数据时代高校图书馆阅读推广服务的创新与发展

（一）大数据时代高校图书馆阅读推广服务创新措施

大数据时代服务创新的思想逐渐在图书馆阅读推广服务方面受到重视，并且在阅读推广服务中多种先进技术的广泛应用从不同的角度对高校图书馆阅读推广服务工作的开展产生了相应的影响，新时期高校图书馆在探索阅读推广服务创新的过程中，应该重点把握大数据时代的影响，从不同的角度做出差异化的探索，确保能真正改善阅读推广服务现状，彰显综合服务效能。

1. 完善阅读推广组织体系，优化组织管理效能

高校图书馆在开展阅读推广服务的过程中要想显著提升服务影响力，确保阅读推广服务向社会范围内延伸，就不能仅仅依靠高校图书馆自身的力量，还要注意引导社会力量参与到阅读推广服务工作中，发挥图书馆的主导作用和社会力量的积极配合促进作用，形成完善的阅读推广服务组织体系，优化组织管理效能，循序渐进地提高社会大众对阅读推广服务的认同感。一方面，要积极开展阅读推广服务宣传引导活动，让高校师生群体以及社会大众认识到阅读的重要性，带领他们参与到阅读活动中，并结合不同群体在阅读方面的具体需求提供差异化的推广服务和推广模式，增强服务整体影响力；另一方面，发挥图书馆主导力量时要注意加强与社会相关组织的联系，明确不同社会组织机构在配合高校图书馆开展阅读推广服务方面的职能和作用，各司其职，构建完善的组织管理体系，最大限度地发挥组织管理作用，增强服务效果。此外还要在开展阅读推广服务工作的过程中分清主次，完善相关法律法规体系，从多角度针对阅读推广服务的稳定运行创造便利，提升服务综合效果。

2. 正确定位阅读推广角色，明确具体工作任务

阅读是较为重要的系统性工程，高校图书馆在开展阅读推广服务工作的过程中要注意针对不同环节的管理工作进行创新，明确自身角色地位，能指导不同环节工作高效化开展，优化综合推广服务效能。简言之，高质量阅读推广服务的创新化发展，能积极有效地促进社会范围内良好阅读氛围的营造，也能推动社会文化的传播，帮助用户群体拓展充足的阅读空间。鉴于此，高校图书馆在组织开展阅读推广服务工作的过程中，要扮演好两个方面的角色，既作为图书馆与社会推广机构之间有效对接的桥梁，以独立主体对阅读推广服务进行创新，同时还要对推广任务进行明确，积极开发校内推广阅读模式，激发师生群体参与阅读活动的积极性。为青少年群体开展读书日推广活动，吸引青少年群体的注意力，激发他们有效阅读的积极性，帮助青少年在不断阅读过程中形成良好的阅读习惯；依托互联网平台积极开展新书推荐、读书交流会方面的阅读推广活动，吸引成年人参与图书阅读，真正发挥阅读推广服务的重要作用，带动我国全民阅读活动取得显著成果。如此就能发挥高校图书馆的重要价值，促进完善阅读推广服务体系的构

建，综合服务效能也会得到明显的增强。

3. 创新多元服务模式，增强在整体服务影响力

高校图书馆开展阅读推广服务的过程中要正确认识到不同的服务方式能产生差异化的影响力，只有不断对服务模式进行创新，形成正确的服务推广体系，才能循序渐进地增强整体服务效能，确保阅读推广服务工作的开展得到用户群体的认同和肯定。一方面，要树立与时俱进的创新服务意识，按照大数据时代高校图书馆阅读服务需求的变化对推广活动进行优化调整，增强主动服务意识，结合大数据技术的应用对用户群体的阅读需求进行动态化的分析，进而开展个性化阅读推广；另一方面，积极探索简单便捷服务方式的构建，形成快捷化、自动化的服务模式，确保阅读推广工作的开展能适应用户群体需求的变化。如图书馆在开展阅读推广工作的过程中引入一站式查询系统，方便用户群体结合自身需求进行自主查询和借阅，帮助用户群体了解多方面的信息，保障服务质量得到进一步提升。在此基础上，还要尝试引入现代信息技术辅助开展阅读推广服务，依托微博、微信社交平台、抖音短视频平台、快手短视频平台等开发信息化、便捷化的阅读推广服务，增强高校图书馆阅读推广工作的综合影响效应，保障服务质量得到进一步增强。

4. 加强工作人员培训，组建高素质人才队伍

人才是开展阅读推广服务工作的重要保障，只有构建高素质人才队伍，才能发挥人力资源的重要作用，发挥智力支持作用，加快阅读推广服务工作创新化发展的整体进程。在创新服务模式的过程中，可以依托学校人才优势，引进高素质图书管理人员、阅读推广人员，并对现有工作人员实施多元化的培训，提高他们创新阅读推广服务工作方面的综合服务意识和专业能力，也对他们的信息化素养和数据处理能力进行培训，从而在组织实施阅读推广服务工作的过程中，相关服务人员能以较强的信息素养和业务能力参与到实际工作中，为用户群体提供高质量的服务，进而确保阅读推广服务工作的开展得到用户群体的认同和肯定，在新时代背景下稳步增强阅读推广服务的综合影响力。

（二）大数据时代高校图书馆阅读推广主要发展趋势

高校图书馆阅读推广工作是图书馆整体管理体系的一部分，也是高校图书馆在探索社会化服务进程方面的必然选择，只有高校能结合信息时代的背景和大数据技术的影响，对阅读推广工作的智慧化发展和智能化创新形成客观认识，采取有效的措施优化服务效能，才能为大数据时代背景下高校图书馆的稳定发展提供良好的支持。具体结合大数据时代的影响，针对高校图书馆建设发展实践中阅读推广的主要发展趋势进行分析，主要体现出以下几个方面的发展动态。

1. 阅读推广活动呈现出常态化发展态势

综合分析阅读推广服务创新发展方向，可以看出高校重点关注节假日、读书日方面服务工作的开展和优化，力求能显著增强阅读推广服务的综合影响力。随着时间的推移，高校对阅读推广服务进行了创新，组织开展多元化的阅读推广服务活动已经成了常态化的阅读推广模式，并且在长时间的发展过程中组织形式日渐丰富，给用户群体带来了良好的阅读体验。而在未来面向服务创新的现实需要，要在坚持传统的基础上引入新的图书馆服务创新思想，争取能设置连续性、日常化的阅读推广服务活动，让用户群体能随时获得阅读推广服务方面的信息，能满足不同年龄段用户群体的客观现实需求。在此前提下，还要对服务创新基本发展情况进行分析，可以看出在阅读推广服务表现出常态化发展趋势的情况下，阅读推广的组织形式也在不断创新。现阶段图书展览、专题讲座、图书论坛等已经成为较为常见的阅读推广服务模式，并且随着时代的发展出现了越来越多的服务类型，高校图书馆服务工作的开展得到了用户的肯定，对图书馆综合服务工作的科学稳定开展产生着至关重要的影响。

2. 高校图书馆阅读推广地区差异性明显减少

受到经济社会发展水平不断提高、中国特色社会主义现代文化体系建设取得显著成果的影响，高校图书馆在开展阅读推广服务的过程中能结合各地区实际情况对服务模式进行创新，共同提供高质量的服务，阅读推广服务的差异逐渐弱化，服务水平得到了整体性的提升。对我国高校图书馆阅读推广服务发展历程进行探究，可以看出在 2011 年之前东南沿海地区图书馆文献借阅服务推广工作的开展已经难以满足群众阅读图书的需求，因此开始尝试创新阅读推广服务工作促进服务水平的整体性提升，为用户群体提供高质量、多元化的服务。而与之存在明显差异的是，我国中西部地区特别是西部偏远地区的大多数高校图书馆仅仅能为高校师生群体服务，社会化服务能力偏低，阅读推广基础相对较为薄弱。此后受到全民阅读活动的推动，西部地区也在服务创新方面做出了不同的尝试和探索，在凸显地区服务特色的同时阅读推广服务水平不断提升，已经能结合不同用户群体需求的动态变化提供多种类型的阅读推广服务，阅读推广服务的地区差异呈现出明显缩小的情况，服务效能也得到了显著的提高，对高校图书馆在现代社会获得良好的发展产生着积极的影响。

3. 高校图书馆阅读推广服务智慧化发展态势增强

大数据时代高校图书馆在探索阅读推广服务创新的过程中，积极探索信息技术的合理化应用，极大地拓展了智慧化服务的范围，阅读推广服务的综合服务效能明显提升。高校图书馆大数据时代阅读推广服务的智慧化发展态势主要表现在以下几方面。

其一，电子化、高科技化阅读推广服务出现，服务信息化程度和智慧化程度明显增强。受到国家政策驱动和行业发展的影响，我国高校图书馆在发展过程中针对智慧图书馆的建设做出了多层次的探索，在一定程度上为阅读推广服务智慧化发展提供了良好的支持。具体针对高校图书馆阅读推广服务的电子化和高科技化发展态势进行分析，可以了解到在广泛应用信息技术和大数据技术的情况下，图书馆资源的数据化转化在一定程度上为信息服务的共享创造了便利，用户能登录网络平台进入数字图书馆，获取所需资源，特别是在图书馆移动终端建立后，高校图书馆阅读推广服务向移动终端延伸，高科技化服务成为主流。此外，部分高校图书馆在对综合服务模式进行创新的过程中，为了提高阅读推广服务效果，还与高科技企业加强合作，引入了可以穿戴的阅读推广服务媒介、全息投影仪推广设备以及智能机器人阅读推广辅助手段等，极大地增强了用户群体的阅读推广体验，阅读推广综合效果进一步增强。

其二，大数据化阅读推广服务模式出现。在大数据技术得到高效化应用的社会背景下，高校图书馆基于“走出去”发展理念的影响，在阅读推广服务创新方面做出了相应的探索。通过对数据化技术和电子化技术的良好应用，高校图书馆在开展阅读推广服务的过程中引入了多元互动的模式，发挥数据技术的应用与用户形成良好的互动，根据互动信息对用户的阅读需求进行智能化的判断，并以此为基础对阅读推广信息进行调整，确保高校图书馆阅读推广服务信息能与用户需求实现有效的对接，真正为用户群体提供个性化的服务。如此就能突出大数据时代阅读推广服务的综合效果，图书馆与用户群体之间的有机互动也会明显增强，对高校图书馆服务效能的提升起到了良好的推动作用。

第五章　高校图书馆管理系统创新

本章为高校图书馆管理系统创新，分别介绍了高校图书馆管理系统创新的概述、高校图书馆管理信息系统的创新、高校图书馆数据库系统管理创新三方面的内容。

第一节　高校图书馆管理系统创新的概述

一、高校图书馆管理系统创新的现状

高校图书馆作为高校重要的信息资源中心，承担着为高校广大师生员工提供优质高效信息资源的重担。为了确保自身职能的充分发挥、有效便捷地为广大读者提供信息资源服务，高校图书馆必须提高系统管理效能，运用信息技术手段和现代化的管理理念帮助广大读者充分利用馆藏资源和文献信息。

从全球范围来看，高校图书馆系统的建设开始于 20 世纪 60 年代的美国。以高校图书馆日常管理业务中运用自动化管理系统为标志，开启了高校图书馆系统管理提升发展的序幕。自 20 世纪 90 年代中期以来，以互联网技术的广泛传播和应用为标志，实现了高校图书馆 OPAC 即“联机公共目录查询系统”的完全网络化服务，真正实现了高校图书馆冲破围墙的束缚，远程检索、文献业务办理、资源预约等服务不用在图书馆现场就可以实现。借助于互联网技术，高校图书馆全面实现了远程化为广大读者提供文献信息服务的目标，极大提升了高校图书馆的工作效率和服务质量，有效满足了不同用户在不同时间、不同地点对图书馆文献资源的需求。从当前来看，我国国内绝大部分高校图书馆已经建立自己的管理系统，有效地促进了高校图书馆各个子系统、各个业务环节的全面自动化，使传统

意义上的图书馆自动化更加全面、更加深刻，已经不再局限于图书资料的日常加工领域和流通领域。

图书馆管理系统是一个典型的信息管理系统，主要由两个方面构成，即前端应用程序的开发和后台数据库的维护。前者要求操作简单、功能齐全，后者则要求数据库具有良好的完整性和安全性。近年来，我国图书馆软件的研发和实施进展很快，特别是 20 世纪 90 年代以来，我国图书馆信息网络建设取得了长足进步，图书馆信息化建设兴起，并达到一个新的水平。图书馆信息管理系统随着互联网的普及和发展，亟待加快网络化建设。一方面，加快现有图书馆信息管理系统的更新和网络化拓展；另一方面，有条件的图书馆加快借鉴外国大型图书馆信息管理系统的经验，学习其先进的网络功能。整体而言，我国图书馆管理系统起步较晚，发展周期较短，在系统稳定性、安全性、网络集成等方面与国外图书馆管理系统相比，存在一定差距。

二、高校图书馆管理系统创新的现实必要性

（一）高校图书馆管理系统创新是信息技术时代对其提出的新要求

信息时代条件下，高校图书馆管理实现现代化、信息化是必然趋势。对于高校图书馆而言，其管理水平高低主要是通过图书及文献资料等资源利用效率和图书馆自身管理效率来体现的。高校图书馆作为高校重要的信息储备仓库，信息时代条件下在服务高校教学和高校长远发展中的地位和作用愈加明显，而自身在信息技术条件推动下文献资源储备数量和规模史无前例。伴随着高校图书馆规模的迅速扩大和馆藏资源的日益丰富，有效实现其管理、发挥其功用、提高其价值就显得尤为重要。实现对规模如此之大、资源如此之多的高校图书馆的有效管理，其难度可想而知。因此，必须对高校图书馆管理系统进行创新，通过运用现代化的管理理论，结合高校图书馆发展规律，实施动态化管理。

信息时代条件下，互联网技术和计算机技术的飞速发展为实现高校图书馆管理系统的优化、更加全面发挥高校图书馆的功能提供了现实途径。当前，我国以计算机与通信技术为基础的信息系统正处于蓬勃发展的时期。在高校图书馆管理

系统中充分运用计算机技术，将能够有效提高系统管理效率，将图书馆馆员从繁重的工作中解脱出来，不仅提高了向读者提供服务的效率，而且实现了管理的精确化、无误化。高校图书馆管理系统创新在很大程度上讲，就是实现高校图书馆管理的自动化。在全球信息化大发展的浪潮下，世界范围内以计算机为代表的现代技术有了长足发展和进步，然而我国图书馆领域真正引入现代化管理理念、实施信息化自动管理的步伐较晚，与世界一些先进国家的图书馆管理还存在较大差距。高校图书馆管理创新，必须要从当前我国高校图书馆管理现代化尤其是自动化的现状出发，认识自己的不足，积极引进先进理念和管理理论，更加深入、全面地确立计算机技术的核心地位，实现高校图书馆在其他设备控制、连接和转换的全面自动化，“提高图书流通率，浓厚高校校园学习环境氛围，提高大学生整体素质，而且对推动社会文化进步具有重大意义”①。

（二）高校图书馆管理系统创新是高校图书馆更好发挥其职能的内在要求

经过数年的发展，我国高校图书馆建设从整体上讲，已经形成了一套相对比较成熟的系统管理体系，在馆藏规模、馆藏质量方面也走在了世界的前列，尤其是国内一些具有条件的高校图书馆根据高校专业设置和高校教学科研实际需求，形成了较具特色的、完整的馆藏体系和管理体系，不仅在国内，而且在国际上都具有一定的影响力。在信息技术条件下，伴随着网络技术在高校图书馆的广泛应用，高校图书馆传统的管理系统已经远远不能紧跟时代发展要求，不能适应高校发展的要求和广大读者对文献资源的需求。信息时代条件的网络技术大量应用，更是将高校图书馆建立在先进的硬件和软件技术基础之上，实现馆藏的数字化管理，充分利用网上资源将文献载体形态由印刷型向数字化、电子化方向发展，建立自己的馆藏书目数据库、专题数据库和网上信息资源导航数据库，使高校图书馆馆藏保持自己的完整性、连续性和实用性，以确保在高校中职能的有效发挥。

高校教学科研活动离不开图书馆，广大教师及学生日常工作和学习离不开图书馆。高校图书馆管理系统问题直接关乎高校长远发展和竞争力的强弱，关系到能否以高效优质的状态服务广大师生员工，真正体现出高校中的重要职能。未来

① 吴慰慈，董焱著．图书馆学概论［M］．北京：北京图书馆出版社，2002.

高校图书馆发展趋势必将朝着资源化、网络化和小型化、个性化、数字化的趋势演变，这样的演变趋势也必将为高校图书馆职能的发挥提出更新的要求和挑战。高校图书馆要想适应未来这种发展趋势，更好地发挥应有职能，就必须不断与时俱进地开展系统管理创新。

（三）高校图书馆管理系统创新是高校图书馆转变传统管理模式的内在要求

实现高校图书馆管理系统创新能够有效减轻传统条件下的管理模式所带来的弊端。传统条件下，高校图书馆管理系统往往采用手工管理或半自动化管理的方式，在这种传统管理模式下，不仅带来了大量的数据处理工作，而且管理效率低下、容易出现管理漏洞，在向读者提供服务方面也呈现出一定的滞后性。高校图书馆现有的内外部环境已经发生深刻变化，要实现管理系统创新，不断完善其系统组织结构、功能结构、技术要素，以逐步消除高校图书馆传统系统管理模式所带来的种种弊端。

三、高校图书馆系统管理创新的现实重要性

面对高校图书馆所面临的内外部环境发生的深刻变化以及读者全体呈现的新要求，不断加快高校图书馆系统创新已经势不可挡。高校图书馆系统管理创新将为高校图书馆管理带来前所未有的质的变化，带来意想不到的良好效果。高校图书馆管理系统已经成为高校图书馆是否具备现代化特征、是否科学化和规范化的重要标志，必将引起高校图书馆质的飞跃，其重要性主要体现在以下几个方面：

（1）实现高校图书馆管理创新，将有效提高高校图书馆的管理效率，大大减轻图书馆馆员的工作量，减少传统模式下纷繁错乱的烦琐事务，克服馆藏资源储存流程烦琐、杂乱和周期长的弊端。

（2）高校图书馆管理系统创新最本质的表现在于它的全面自动化。高校图书馆在管理系统方面的份额全面自动化，能够有效提高管理的精准度，减少传统模式下在入库管理和出库管理以及库存管理各个环节和流程的漏洞，提高文献资源管理精准度和高效化。

（3）高校图书馆管理系统创新将极大地提升高校图书馆整体管理水平。管

理系统创新将无疑提升管理流程规范化、管理环节标准化、管理依据制度化、管理措施具体化、读者服务优质化，从整体上提升高校图书馆服务水平和管理水平，更好地服务高校教学科研和广大师生，推动高校各项事业全面发展。

伴随着我国高等教育事业的深入发展以及信息时代发展的千变万化，高校在生产发展过程中没有图书馆的支持将会寸步难行；而高校图书馆面对高等教育发展新形势以及自身内部外部环境发生的深刻变化，要想更好地发挥职能、紧跟高校发展步伐，就必须要全面加快推进改革创新步伐。

四、高校图书馆管理系统创新的典型特征

（1）基于互联网技术，能够有效实现不同地点、多个图书馆之间的链接，实现异地多个高校图书馆之间的资源共享。

（2）高校图书馆管理系统创新将极大扩展用户服务适用范围。无论在任何地点、任何时间，只要借助互联网技术都可以使用图书馆管理系统为用户提供便捷、及时的文献资源服务。

（3）提供服务的便捷性。高校图书馆管理系统创新基于浏览器 / 服务器（B/S）结构，在对服务器进行有效管理的前提下，客户端只采用 Internet 浏览器，无需安装任何软件、无需任何维护，无论用户的规模有多大、有多少分支机构都不会增加任何维护升级的工作量，所有的操作只需要针对服务器进行。只需要把服务器连接到 Internet，就可实现远程维护、升级和数据共享。

五、高校图书馆管理系统所面临的现实挑战

伴随着信息化浪潮的迅猛推进，互联网技术被广泛而深刻地运用，数字图书馆发展，已成高校图书馆未来发展的必然趋势。在这样的现实背景下，高校图书馆管理系统在享受信息技术带来便利的同时，也面临着巨大的现实挑战。当前和今后一段时期内，高校图书馆管理系统所面临的挑战和冲击主要来自以下几方面：

一是当前高校图书馆管理系统中采用的 C/S 结构，依然存在一定局限，这就是：该系统运行环境下，当客户在应用某种文献资源和信息服务的时候，必须要

下载专门的客户端软件才能够享受服务。仅仅是这一点就极大地限制了软件的扩展性能。伴随着未来互联网应用领域和使用范围的扩大，其维护和升级将会为客户带来诸多现实困难。

二是高校图书馆管理系统创新依然任重而道远，当前高校图书馆仅仅实施了业务主线的管理自动化，还没有完全覆盖到全部领域和所有业务环节。伴随着高校教学科研活动的日益活跃和广大读者对信息文献资源需求的不断提高，高校图书馆管理系统现状难以满足其现代化需求。

三是未来数字图书馆建设的趋势下，高校图书馆现有的管理系统无法实现未来数字图书馆所需求的业务管理，数字图书馆运行必将需要大量的业务系统和数字资源系统做支持和保障，一旦高校图书馆管理系统建设落后，其数字图书馆运行中的业务系统和数字资源无疑变成“信息孤岛”。

四是高校图书馆管理系统一定程度上难以体现管理理念和管理策略。由于高校图书馆管理系统在本质上是一种自动化，是以图书馆管理为中心的过程，在其过程中难以将高校图书馆管理者的管理政策和管理理念深入，无法给馆长提供有效的决策支持，很难体现他们的管理思路。

随着互联网在高校图书馆管理系统中的深入发展和全面应用，以互联网为平台、以服务为软件运行模式的时代到来了。因此，我们不难看到，互联网在图书馆各项工作的推广方面有着非常广阔的发展空间，在图书馆文献资源的合理配置、提高资源利用水平和图书服务质量等方面，都有着巨大的积极作用。图书馆只有建立以信息技术、计算机技术和网络技术为支撑，人与计算机相连接，信息、管理、系统有机结合的图书馆管理信息系统，才能最大限度地发挥图书馆本身的功能。

六、高校图书馆管理系统的设计

（一）用户信息管理模块设计

用户信息管理模块设计是高校图书馆系统管理中的一个重要部分，它主要由四个部分组成，即添加用户、浏览用户、修改用户和删除用户。用户信息管理模块的设计如图 5-1-1 所示。

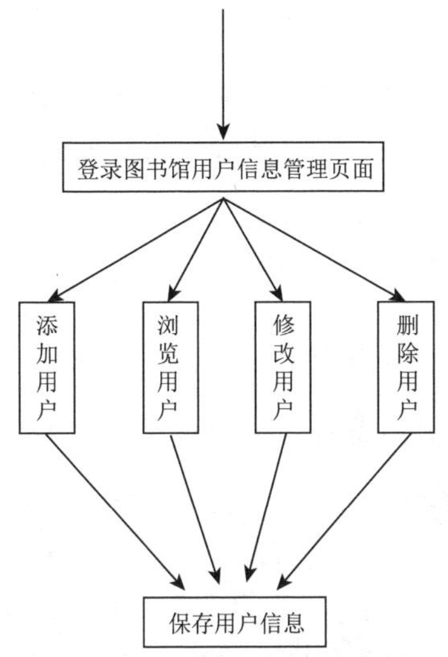

图 5-1-1　用户信息管理模块

（二）出版社信息管理模块设计

高校图书馆系统管理创立中出版社信息管理模块，其主要功能模块同用户信息管理模块一样，也包括添加、浏览、修改、删除等模块。

（三）图书类型管理模块设计

图书馆系统中，图书类型管理模块中主要包含添加、修改和删除几个方面。

（四）图书书目管理模块设计

图书书目管理模块也是高校图书馆系统管理的重要部分，当管理员进入图书书目管理页面后，能够对图书书目管理进行一系列的操作，包括添加、修改、打印、删除。

（五）用户登录系统设计

用户登录系统的操作主要包括 4 个方面，即注册、登录、查看、修改密码。

（六）系统类图设计

在面向对象的系统模型中，系统类图设计是最为普遍的一种图。系统类图设计的主要内容包括一组类、接口、协作，以及三者之间的关系状况。类图的主要作用体现在，它是一些相关图的重要基础，能够为系统建立可视化、文档化的结构模型，利用正向和反向工程建立执行系统。创建设计类图一般分为以下几个步骤：第一步为识别设计阶段出现的类，并为此添加属性和方法；第二步为建立类之间的关系，完成对属性和方法的细节描述。例如，图书类之间与图书借出类之间为一对一的关系，每一本图书有且只有一个唯一的条码，在同一时刻只能借出一次；而对于读者类与图书借出类之间则是一对多的关系，每一个读者可以同时借出多本图书。书目类与图书类之间也为一对多的关系，每一种数目至少对应一本图书，一般是对应多本图书。

（七）数据库设计

数据库设计分为数据库概念设计和数据库逻辑性设计。

1. 数据库概念设计介绍

高校图书馆中的图书从采购到入库，中间会涉及多个实体要素，比如图书管理员、图书供应商、图书馆、图书等，这几种实体要素不是孤立存在的，而是在他们之间存在着一定的联系，下面将详细论述各实体要素之间的关系。

第一，就是图书供应商与图书的关系。两者之间是多对多的关系，一个图书供应商可以同时提供多本不同类型和类别的图书。而同一本书，并不是只有一个供应商可以提供，相反很多供应商都有。

第二，是图书馆员和图书之间的一对多的关系。一个图书管理员一次可以同时验收几本书，但是同一本图书只能被一个管理员验收。

第三，是图书借阅过程中，涉及的读者与图书的关系。一本图书，在不同的时间里可以被多个读者借阅，一个读者可以在同一时间借阅多本图书。

第四，是图书归还涉及的读者与图书之间实体关系，一个读者可以一次性归还多本图书，而一本图书在不同的时间段内可以被多个读者归还到图书馆。

第五，是图书盘点涉及的实体主要有图书馆员和图书，二者之间的关系为：在不同时间段内，一本图书可以被多个不同的图书馆管理员管理盘点；而一个图书馆管理员在一个特定的时间段内可以盘点在库的所有图书。

第六，是指参与图书维护的单位主要包括图书馆员与书籍，两者的实体关系，同图书盘点中涉及的实体关系相类似，一名图书管理员可同时维护多册书，一本书可由不同图书管理员在不同时间进行维护。

第七，指图书作废涉及的实体主要包括图书管理员与图书，两者之间的关系是：一名图书管理员可同时在一个特定的时间内作废多本书，但一本书只可由一位图书馆管理员废掉。

2. 数据库逻辑设计

根据高校图书馆实体类别，在数据库逻辑设计中，各实体设计具体如下：

（1）图书：包含财产号、中图分类号 ISBN、种子号、图书名、作者、出版社、出版日期、页码、图书标价、图书类别、入库时间、录入管理员、图书购买价、图书状态、图书来源等。

（2）图书管理员：管理员 ID、管理员姓名、管理员密码、性别、权限、联系方式等。

（3）图书商：图书商 ID、图书商名、联系地址、电话、传真、E-MAIL 等。

（4）借阅：读者 ID、财产号、借出日期、应还日期、借出类型、管理员 ID 等。

（5）归还：财产号、读者 ID、还书日期、管理员 ID 等。

（6）维护：财产号、维护时间、维护类别、维护费用、管理员 ID 等。

（7）作废：财产号、作废时间、管理员 ID 等。

（8）供应：图书商 ID、中图分类号、ISBN、供应量等。

（八）界面设计

高校图书馆管理系统中的界面设计涵盖多方面内容，依据业务层次和管理需要不同，不同高校图书馆可以从满足自身管理需要实际出发、因地制宜地开发设计具有针对性的界面。下面以登录界面设计、新书入库模块界面设计、图书借阅模块界面设计和读者管理模块界面设计为例进行介绍。

一是高校图书馆登录界面设计。图书馆登录界面的管理系统设计主要利用 JSP 的相关函数对用户名及登录密码进行判断，以此实现用户的合法性、保密性和图书馆管理系统的安全性。在登录界面设计中，应当本着简单、易操作的原则，完全实现用户相关信息实现键盘的完全操作，避免传统条件下键盘与鼠标之间的切换。登录界面设计中重点突出用户登录密码忘记情况下的“密码取回”功能，点击“密码取回”按键、通过密码保护程序取回。

高校图书馆登录界面设计演示示例截屏如图 5-1-2 所示。

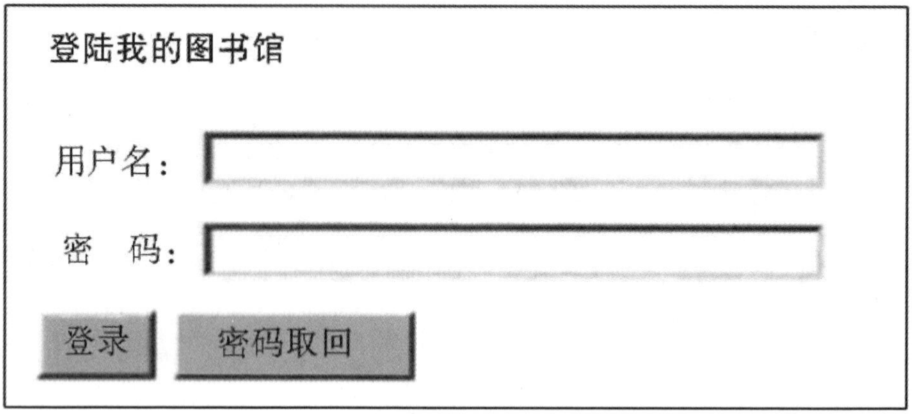

登陆我的图书馆

用户名：

密　码：

登录　密码取回

图 5-1-2　高校图书馆登录界面设计演示示例截屏

二是高校图书馆新书入库模块界面设计。对新书入库模块界面设计，主要目标是实现对已经采购图书进行入库的管理，有效节约人力、节约时间、最大限度减少图书入库时间投入运转。伴随着近年来高校教学科研活动的日益活跃，高校广大读者对图书馆的文献资源信息需求量呈现出与日俱增的趋势。高校图书馆需要根据高校读者不断增加的实际需求经常购买新书。高校图书馆购书已经表现出以下特点，即在时间上呈现出日益频繁、规模上日益扩大的趋势。加快图书入库系统的管理创新、提高图书入库的效率已经迫在眉睫。在该界面的设计过程中，可以采用批量设计的思路，将多本具有同一信息的图书一次录入，图书馆管理员只要输入书籍编号、书名以及出版社等相关信息，就可简便、快捷地实现新购入图书的入库操作。

三是高校图书馆图书借阅模块界面设计。当图书用户需要向图书馆申请图书服务需要的时候，首先要在用户登录界面登录时候，才实现相关借阅功能，完成图书借阅操作。在进入到图书馆图书借阅模块，用户可以根据自己需求对图书的相关关键信息进行查阅，例如，可以输入图书的书名、图书编号、作者等相关信息，在输入关键信息后，系统完成快速匹配，将用户输入相关信息的图书信息及时呈现。在这里需要说明的一点，用户通过图书借阅板块办理图书申请业务、输入关键查询条件，其实现的重要前提是高校图书馆必须有与之相关馆藏的时候才能完成借阅。在系统将用户需要图书信息呈现之后，用户只需要点击“确认”按键就可以完成相关操作；图书馆系统将把相关操作情况、图书馆库存变化、用户借阅记录等详细信息予以呈现。

四是高校图书馆读者管理模块的界面设计。高校图书馆管理员对读者的管理是通过该管理模块实现的。在这个模块中，高校图书馆可以根据自身业务需要实现对读者管理的基础上，附加上对出版社和图书馆运营商的信息管理功能。高校图书馆图书管理员，进入到读者管理模块之后，对读者信息管理的功能主要有：添加读者信息、删除读者信息、修改读者信息。同样，对出版社和图书运营商的管理功能也主要包含以上三个方面。

高校图书馆如果想同时实现对读者、出版社和图书运营商三个层面的管理功能，其系统设计的实现方法与仅仅对读者单一管理模块的设计方法和实现功能大致相同，可以通过三种功能中的其中一种功能界面对其他两种实现方式予以全面了解，将每一种功能界面划分为读者、出版社和图书运营商三类。

第二节　高校图书馆管理信息系统的创新

一、高校图书馆管理信息系统的主要技术

管理信息系统是建立在计算机技术、网络技术、多媒体技术、数据库技术和软件开发技术基础之上的综合信息系统。总的来讲，管理信息系统设计技术主要包含硬件技术和软件技术两种类型。

（一）软件技术基础

1. 软件技术开发设计的主要策略

软件技术基础作为管理信息系统开发设计的重要基础，在整体管理信息系统设计开发中必须要确定开发策略，只有确定了开发策略，才能确保软件技术基础

的正确方向，开发设计出更加科学、有效的管理信息系统。

现阶段，高校图书馆管理信息系统设计中软件技术主要采用“自上而下”和“自下而上”以及两者相结合的综合方法。

下面对高校图书馆管理信息系统设计中采用的软件技术中的三种方法进行一一介绍：

“自上而下”的开发策略：该种开发策略是基于组织目标和组织对象实际，主要面向组织高层管理者的一种开发策略。在确定组织目标的基础上，再次划分为相应的业务子系统，以确保组织相应功能的顺利实现。该种开发策略从本质上讲是一种应用模块分解的方法，将一个综合的整体逐步地、层层地分解为具体的子系统。运用这种方法能够最大限度地保障组织各个子系统功能的实现，具有较强的逻辑性和整体性。以上是该种开发策略的主要优势。而该种设计策略也存在一定的不足，其适用范围主要应用在较小的系统之内，对于一个大型系统来讲，如果使用该种策略就会因为产生较大工作量而导致一些细节方面照顾不到，影响到系统的整体功能和开发成本。

“自下而上”的开发策略：该种开发策略的主要对象以组织中的基本业务和数据处理为主，重点从组织中各个层中的子系统日常业务管理与处理入手而进行的分析与设计。该种开发策略的主要优势在于，开发过程简单，容易调整，易识别，非常容易确定数据流以及实现对数据的储存。从本质上讲，该种开发策略是从子系统中的具体业务层面开始，逐步上升综合到整体层面的管理信息系统的分析和设计，是一种模块组合的方法。如果说“自上而下”的开发策略是一种模块分解的方法，那么“自下而上”的开发策略则与之相反，强调和突出模块组合的方法。该种开发策略的主要不足体现在，在一些具体子系统的分析设计和开发过程中，由于只重视子系统的功能与业务处理，不能很好地从整体范围上考虑到系统的全局总体目标和总体功能，因此，在进行管理信息系统设计采用该策略对子系统分析和设计中，必须要对各个子系统功能和数据作出较大范围的修改和调整，必将带来诸多不便。该种开发策略由于缺乏整体性和协调性，其功能和数据往往会造成冗余，甚至矛盾，影响开发效果和质量。

“自上而下”与“自下而上”的综合开发策略：通过上面的分析我们可以看

到，以上两种开发策略各具有优缺点，为了在管理信息系统开发设计中更好地发挥以上两种开发策略的优势，可以将以上两种开发策略综合起来运用。“自上而下”的开发策略最大的优势能够较好地适应一个组织的总体方案的制定，而“自下而上”的开发策略最大的优势在于能够较好地适应于一些具体业务层面的设计，如果实现两种策略结合，既能够做到从整体范围上照顾到各个子系统的开发设计，又能在各个具体子系统开发设计的同时确保整个组织系统的完整性和整体性。

2. 软件技术基础开发设计中所涉及的主要模型

高校图书馆管理信息系统设计中所依赖的软件技术基础上，具有多种模型结构。软件过程模型是高校图书馆管理信息系统开发设计所运用的最重要的软件技术模型之一，这种模型又叫软件生存周期模型、软件加工模型，软件生命周期内按预定方式或程序，运用一些具体的法则与办法，辅以合适的软件工具，开展软件产品开发、功能维护工作。具体地说，就是高校图书馆管理信息系统创新的层面，能参与的软件技术模型包括瀑布模型、喷泉模型、重用模型、螺旋模型、增量模型、进化模型、自动变换模型、渐增式模型、快速原型模型等等。

下面就几种主要的软件模型结构进行详细介绍。

一是瀑布模型。瀑布模型作为管理信息系统开发设计中软件技术模型的一种常见型和经典型模型，由于自身特点和使用过程类似于瀑布，故得名为瀑布型模型。瀑布型模型是在管理信息系统软件开发中将整个过程按照严格的定义划分为若干个顺序阶段，并将划分出的若干顺序阶段以自上而下且彼此紧密衔接的方式予以排列，在执行中也以严格的固定次序进行。瀑布型软件技术开发模型其操作和执行具有严格的次序性，只有在前一阶段的工作完成以后，才能开始下一阶段的工作。每个阶段的结束都要经过严格的定量或定性复审和确认。

二是增量模型。增量模型的实质是在管理信息系统软件技术的开发过程中，在开发工作伊始或者相关需求分析完成之后，将一个相关较大的软件组织划分为若干个较小的软件组织再进行一一开发设计，其过程强调逐步性、累加性，而不是一刀切的齐头并进开发设计模式。增量模型的最大优势在于能够实现边开发边出结果，较早地获取软件开发设计的相关经验，对其他步骤和接下来的开发提供必要的借鉴和经验支持。根据增量方式和形式的不同，又可以将增量模型划分为两种，即渐增模型和原型模型。

三是喷泉模型。喷泉模型，顾名思义，由于在管理信息系统软件技术开发过程中呈现出不断向上“喷射”状，在形状上与喷泉非常相像，故得名为喷泉模型。喷泉模型最早是由亨德森（Henderson）等人随着面向对象的软件方法的研究和进展而提出的。喷泉模型的主要特点在于强调了开发设计不同阶段之间的重复性和反复性，在不同阶段之间的界限概念已不明显，不同于瀑布模型的阶段性的特点。根据这一特点，在软件技术开发中能够最大限度地保障了簇/类/模块的开发可与系统的开发并行且相互影响。

四是进化模型。进化模型与增量模型具有一定的相似之处，即进化模型也是按照构件方式而进行的开发系统。进化模型和增量模型的最大不同是，进化模型的初始阶段，用户的需求可能并不是很明确，而初期则不需要对需求进行界定。这使得该模型能较快地适应新情况，并很快被接受。首次开发过程的成果是该系统的原型。这个原型不是固定不变的，而是不断发展变化的，它伴随着了解用户的需求和解决所产生的问题而不断演变。

五是螺旋模型。螺旋模型的最大特点是，它在管理信息系统软件开发设计中，将其全过程分四部分进行，分别是、计划、风险分析、开发工程和用户评价，并且通过决策轴线分离这四个部分为 4 个象限。这个阶段是一个比较重要的环节，因为它决定了最终选择是否可以实施。风险分析为第一象限，所谓风险分析，就是分析所有可选方案，确定方案的风险并解决风险。计划为第二象限，就是确定目标和可选方案。用户评价是第三象限，所谓用户评价，就是使用者对项目结果进行评估。在此阶段应根据用户需求分析及实际情况进行项目决策分析。包括对设计目标及使用效果进行评估。工程为第四象限，也就是下一个层次的软件产品开发，可以用原型法，生命周期法逐步求精、细化获得软件产品。

3. 软件技术基础开发设计中所涉及的主要方法

管理信息系统的开发设计离不开正确的开发策略和恰当的开发模型。具备了科学、正确和合适的开发策略和开发模型，仅仅是完成了整个开发设计过程中前期铺垫阶段，后续其他开发进程还需要规范、科学和正确的开发方法。只有当开发策略、开发模型、开发方法都同时具备的前提下，整个管理信息系统的开发才能顺利完成。具体到高校图书馆管理信息系统的软件技术开发方法，主要能够涉及生命周期法、原型法、结构化系统开发方法、面向对象的开发方法、计算机辅助软件工程方法等。下面就以上几种高校图书馆管理信息系软件开发方法进行详细介绍。

一是管理信息系统软件开发中的生命周期法。该种方法是管理信息系统软件开发设计常用的一种方法，将整个管理信息系统的全部过程划分为不同的阶段，并对每一个不同的具体阶段设定好开发任务，借助于一定的开发准则，按照事先制定好的时间表进行开发设计。运用生命周期法，其前提是必须要对组织及用户的设计使用要求有明确的了解，在对组织及客户需求的基础上按照从上而下的规划设计思路进行设计。生命周期法在不同的阶段都会呈现出显著的顺序性和阶段性，利用文档的标准化与规范化确保不同阶段的有效衔接。采用生命周期法进行管理信息系统的开发设计，也存在一定的不足，例如，对系统需求方面难以较为准确地把握，其开发周期相对较长等。

二是管理信息系统软件开发中的结构化系统开发方法。

在目前的管理信息系统软件技术开发方法中，从本质上说，结构化系统开发方法是各种开发方法的综合，它是自上而下的结构化方法、工程化的系统开发方法和生命周期方法的结合，同时也是整个管理信息系统软件开发技术中使用最广泛、最成熟的方法。结构化系统开发方法的具体思路是：按照客户至上的原则，采用结构化思维、系统工程的观点和设计方法，先把整个管理信息系统看成一个大模块，自上而下，将模块通过模块化结构设计技术进行分解，然后自下而上按照系统结构组合各个模块，最终实现系统开发。结构化系统开发方法的最大特点是系统开发阶段严格分离，自上而下的整体性开发设计和自下而上的整体性开发与实施相结合，其中模块化设计是从部分到整体的顺序进行的；坚持用户至上原则，深入调查研究；系统开发过程工程化，文档资料标准化。最大的缺点是系统开发时间比较长，也很难完全了解系统需求。

三是原型法。该种开发方法也被称为渐进法或迭代法，是管理信息系统所有开发方法中较为前期的设计方法，是对整个系统部分功能和部分特征的反映。该种设计方法是在关系数据库系统和第四代程序生成工具和各种系统开发生成环境诞生的基础上，逐步形成的一种设计思想、过程和方法全新的系统开发方法。

原型法的主要内容包括系统程序、数据文件、用户界面、主要输出数据和其他系统接口。原型法开发设计的基本思路是：在总结用户提出的初始需求的基础上，构建并运行合适的原型，在原型的运行过程中，系统开发人员与用户会不断就原型的运行情况进行分析、修改和研讨，从而使系统的结构和功能不断完善，直到得到满足用户要求的系统。原型法的基本特点是：不需要在系统开发之初就完全了解系统的所有需求；原型制作必须依靠快速原型制作工具；应该属于一个原型制作工具。原型构造工具必须能够提供目标系统的动态模型；原型必定会经历多次反复修改。另外，原型法也存在一定的弊端，比如不容易制造复杂系统的原型，比较依赖于强力的支撑环境，不仅如此，对用户和开发者的要求也较高。

四是面向对象的开发方法。该种设计方法主要包含了四个阶段：一是系统分析阶段；二是系统设计阶段；三是系统实现阶段；四是系统测试阶段。下面对以上四个阶段进行详细分析：

第一个阶段是系统分析阶段，采用信息模型技术，确定问题域内对象实体，标识对象间的相互关系，识别对象的性质及方法，使用属性来描述对象以及它们之间的关系，然后根据属性变化规律，定义对象以及它们之间关系处理过程。

第二阶段是系统设计阶段，将系统发现的成果进一步进行抽象、分类和组织，并通过范式（物理模型）来确定。

第三阶段为系统实现阶段，通过利用面向对象的程序语言进行编程。

第四阶段即系统测试阶段，主要是通过面向对象的技术，进行软件的整体测试。

面向对象开发方法是基于全新的面向对象思想，开发设计出更符合人类思维习惯的模型，最大的优点是使开发时间得到有效缩短，不仅如此，还提高了系统的正确性、系统中软件的一致性、模块的独立性以及程序的共享性等，加快了系统开发进程。

五是组合开发方法。通过对以上各种开发方法的介绍分析可以看出，无论是采用哪种开发方法，都具有一定的优势和劣势，每一种方法都不是万能的，都难以达到整个管理系统软件开发的完美效果。在开发设计中，可以结合不同的开发方法的优势，在开发实践中，可以实现不同的方法相结合。常见的组合形式有：结构化系统开发方法与原型法的组合、结构化系统开发方法与面向对象的开发方法的组合、结构化系统开发方法与 CASE 方法的组合、原型法与面向对象的开发方法的组合、原型法与生命周期法的组合、原型法与 CASE 方法的组合等。根据本系统的要求和特点，在开发过程中采用了结构化系统开发方法、生命周期法和原型法相结合的方法。

（二）硬件技术基础

所谓硬件技术，指的就是管理信息系统开发设计的重要物理载体，它以计算机体系结构实现软件开发相关技术的正常运转为依托，确保管理信息系统各项功能。管理信息系统的硬件技术主要包括计算机体系结构、浏览器 / 服务器系统结构、计算机网络技术、数据库技术、多媒体技术和条形码技术。

计算机体系结构。计算机体系结构是管理信息系统的重要物质载体。当前计算机体系结构中主要使用的是客户机 / 服务器结构和浏览器 / 服务器系统结构。

1. 客户机 / 服务器结构

该种体系结构简称为 C/S，已经成为当前管理信息系统所采用的最为主流的方式，是计算机体系组网的标准模型。客户机 / 服务器结构能够对数据进行处理，在处理的过程中，可以根据数据处理的位置的不同，分为前台处理与后台处理。前台通过客户机实现屏幕交互及输入输出业务，完成前台的运行任务。在后台，服务器负责处理、存储数据库中的各种数据。它是把来自客户端的数据资料以某种方式存放到数据库中去。并且服务器通过海量数据的处理与存储来完成后台操作任务，服务器后台进行数据处理，有效地解决文件服务器 / 工作站结构中“传输瓶颈”现象，避免了在前台和后台之间频繁传输后台处理的数据。

2. 浏览器 / 服务器系统结构

就其本质而言，这种系统的架构是以客户机 / 服务器架构为核心的，而且还对客户机 / 服务器系统进行了扩充。在后台，客户机负责处理数据库中的各种事务性工作，并向服务器发送请求和响应。浏览器 / 服务器系统的架构是在客户机 / 服务器架构的基础上，扩展成三层或更多层架构，例如，服务器层、中间层、客户层等。

在浏览器 / 服务器系统结构中，Web Server 承担双重的角色，它作为浏览服务器出现，又承担了应用服务器的功能，有效地提高了应用程序的运行数量，让客户端的运作变得简便易操作。浏览器 / 服务器系统结构具有显著的优势，能够有效提高管理信息系统性能，提高系统可重复性，同时管理方面也简单易操作。高校图书馆结合当前管理信息系统实际和服务教学科研实际，在系统开发设计中采用了 C/S 与 B/S 相结合的系统结构。

3. 计算机网络技术

计算机网络技术是实现管理信息系统功能的重要硬件技术，缺乏了网络技术的保障，即使再完善、再先进的管理信息系统也将变成无本之木、无源之水。计算机网络通过传输介质将分布在不同位置的计算机与其他通信设备相连接，实现数据通信与资源共享。从功能上看，计算机网络技术分为两种，一种是通信子网，另一种是资源子网；从网络范围上看，计算机网络技术又可以分为广域网和局域网。在管理信息系统中，所有组织一般采用的是局域网形式。

4. 数据库技术

数据库技术作为管理信息系统的重要硬件技术保障条件，具有至关重要的作用。管理信息系统功能的实现、运行效果如何在很大程度上都取决于数据库的管理。

5. 多媒体技术

多媒体技术在整个管理信息系统中也起着非常重要的作用，它是管理信息系统的重要数据资源，它承担着管理信息系统的呈现和执行方式，有效地提高了人们对信息的接受量，增加了信息的影响力，增强了记忆效果。

6. 条形码技术

条形码技术作为一门比较综合的技术，是按照预先设定好的条形码编码规则和技术标准，通过条和空的组合而形成的，用来表示一组数据的特殊符号。条形码技术之所以能被管理信息系统广泛应用，主要是因为条形码技术有很大的优点：成本低，准确性高、输入速度较快，错误率较小、识别速度快，保密性好，使用简单等。因此，它成了许多高校管理信息系统在开发和设计中的一个重要选项。

由于这种体系结构具有较好的可扩展性，因此被广泛应用于各种信息系统中。在高校管理信息系统使用条形码技术，所用码制采用 39 码、Coda bar 码和二五码。目前，大多数高校都采用了这三种条码技术进行信息管理工作。条形码通常是由计算机来完成制作的，激光打印机与条形码软件相配合，生成条形码，条形码阅读器多数是光笔式扫描器、卡式扫描器、激光枪式扫描器和 CCD 扫描器等数种类型。

二、高校图书馆管理信息系统的开发工具及开发平台

（一）管理信息系统的开发工具

现代信息技术条件下，计算机技术和网络信息技术已经在各行各业得以广泛运用。在高校图书馆管理信息系统创新设计中，可以充分利用这些先进的软件理论和成熟的软件开发技术，提高高校图书馆管理信息系统自动化程度、提高高校图书馆管理效果和服务质量。高校图书馆管理信息系统的创新从本质上讲，就是在信息技术条件下，充分运用现代化的计算机手段，运用一定的计算机软件开发技术和开发手段，尽可能地减少手工编程的环节，开发设计出更加适合高校图书馆管理现状、满足未来高校图书馆发展需求的信息系统。

通常情况下，很多高校图书馆在管理信息系统开发设计中往往会采用客户 / 服务器型工具，而该种开发工具也是完全符合管理信息系统发展趋势和要求的新型系统开发工具，PowerBuilder 是其中比较优秀的一个，是目前比较流行的数据库前端开发工具之一。

PowerBuilder 开发工作采用了先进的面向对象的可视化技术，在整个管理信息系统开发设计中的整个过程都可以提供一种可视化的开发环境，为开发设计人员提供非常便利的条件；在这种技术的帮助下，在进行管理信息系统开发设计中能够非常便捷迅速地对后台服务器中数据以及数据管理系统应用程序进行开发利用。

一是 PowerBuilder 具有相对完善的 Web 开发环境。与其他开发工具不同，在 Web 开发环境方面，PowerBuilder 具有其他工具无可比拟的巨大优势。比如，PowerBuilder 8.0 中专门集成了 PowerSite 技术，为一些组织应用服务器能够提供

专业、完善的开发环境。从这个条件出发，对于一个组织来讲，无论是想开发建立基于单机的 Web 应用也好，还是把数据窗口与其他组件相结合开发出复杂的 Web 应用也好，都可以根据组织实际需求在开发设计过程中让开发人员充分地发挥运用。

二是 PowerBuilder 所提供的系统树功能。PowerBuilder 由于提供了 SystemTree，即系统树，这项非常方便的功能，能够有效地提升 Web 应用的开发速度和开发效率，优化组织程序结构。

三是在开发设计专业的客户机 / 服务器体系结构方面。PowerBuilder 8.0 中具备了增强版的 Autoscript 功能，增加了国际化的、扩展的数据库支持，具备了例外处理功能及对定制版本数的支持。

四是 PowerBuilder 能够支持多种开发平台及跨平台的开发。PowerBuilder 一个最大的优势在于打破了传统条件下其他开发工具仅仅局限在单个平台上进行开发、难以实现不同平台之间跨域开发的局限，在整个开发设计中具备了优越的跨平台性能。例如，运用 PowerBuilder 开发工具跨平台性能，可以实现 Windows 平台开发的各种对象应用到 UNIX 平台中，而且 PowerBuilder 也可以在 Windows 9X、Windows NT 以及 UNIX Motif 上运行，而且在不同的操作系统中可以使用相同的开发环境。

五是能够实现对多种关系数据库系统的支持。PowerBuilder 所支持的多关系数据库系统样式非常多，比如常见的 Oracle、Sybase、SQL Server、Informix paradox、Xbase 等系统样式，在 PowerBuilder 开发工具下都可以得到支持，这是以往条件下其他任何开发工具所无法同时具备的功能。

六是有面向对象编程功能。PowerBuilder 在面向对象方法上对多种技术给予综合支持，PowerBuilder 上建立的窗体，菜单、数据窗口之类的均为对象，用户可自行定义对象，在面向对象方法下，可使用对象封装性和继承性、多态性等特征，使应用程序的可扩展性增强，重用性变得更好。

七是它能够灵活运用数据管道技术，具有很强的实用性和通用性。借助 PowerBuilder 数据管道技术，给管理信息系统开发设计人员提供数据复制功能，简明而又有效。例如 PowerBuilder 数据管道技术中，开发设计人员可以很容易地将数据库表的数据由一张表拷贝到其他表，或将其从一个数据库复制至另一个数据库，不仅如此，人们还可以很容易地从一个 DBMS 复制到另一个 DBMS，复制时，表数据可被复制、表结构和表对应扩展属性也可以被复制。

（二）管理信息系统的开发平台

在选择了前档的管理信息系统开发工具之后，接下来的工作就是如何选择系统开发平台了。在管理信息开发平台选择中，必须要予以高度重视的问题是网络操作系统的选择，在管理信息系统平台选择中，网络操作系统的主要功能是使网络上各计算机能方便而有效地共享网络资源，为网络用户提供所需的各种服务的软件和有关规程的集合。当前在管理信息系统中比较常见的网络操作系统主要为 UNIX、WindowsNT、Novell NetWare 等几种。管理信息系统平台选择成功与否，在很大程度上取决于网络操作系统。我们仍然以高校图书馆为例，对该校图书馆管理信息系统创新设计中所采用的平台为蓝本进行详细介绍。高校选择了客户机 / 服务器模式和浏览器 / 服务器模式相结合的模式作为系统开发平台，所采用的网络操作系统是 Windows NT。高校选择 Windows NT 网络操作系统，其主要考虑点在于：第一，Windows NT 具有强大的优势，主要表现为，Windows NT 既是一种强健的、多用途网络操作系统，且稳定性、可移植性、兼容性、安全性和升级性能都比较强。第二，Windows NT 能较好地对客户机 / 服务器进行有效的服务。Windows NT 不但可以运行功能强大的客户机 / 服务器应用，还能提供可靠的文件和打印服务。与此同时，该系统也支持多用户共享信息资源，并能对用户进行个性化定制。第三，在 Windows NT 中有内置通信和 Internet/Intranet 服务功能以及方便安装、使用、管理、维修等，使得它成为主流的操作系统。同时它又具备良好的开放性和兼容性，使得系统的可扩展性强，易于移植到其他平台上。第四，在 Windows NT 界面的使用上，由于在操作系统中采用了多种新技术，因此使得系统变得越来越复杂，操作也更为烦琐。

第三节　高校图书馆数据库系统管理创新

一、数据库系统管理概述

在管理信息系统中，数据库技术是一项重要的关键支撑性技术，尤其在高校图书馆管理创新中，数据库技术更是发挥着至关重要、难以替代的作用。数据库技术在高校图书馆管理信息系统创新中所发挥的主要功能体现在数据存储、数据管理和数据决策支持三方面。

（一）数据管理的发展历程

纵观整个数据管理发展历程，主要分为三个主要历史阶段：一是人工管理数据阶段；二是文件管理数据阶段；三是数据库管理阶段。下面对这三个不同的历史阶段分别进行详细的阐述。

第一阶段：人工管理数据阶段。这个历史阶段主要涵盖了20世纪50年代中期以前的时期。在这个阶段，对数据管理呈现出的最大特征在于，完全依赖于人工操作，所有与数据管理的各个环节都需要人工动手完成。数据面向应用，且数据与程序不具有独立性，数据冗余非常大。这一时期数据人工管理阶段不仅效率低下，而且经常出现一些人为主观错误。

第二阶段：文件管理数据阶段。这个阶段在时间上主要涵盖了20世纪50年代中期至60年代末。文件管理数据阶段是在第一阶段人工管理的基础上利用文件管理系统对数据进行管理，在管理操作上对数据查询、修改、插入以及删除等相关功能都实现了由文件系统的统一化管理，其管理效率和管理质量大为提高，人为主观因素导致的错误率大大降低。但是在文件管理数据阶段依然偶尔呈现出人工管理的成分，还没有实现完全意义上全自动化、智能化管理，例如，在这一阶段实现了数据的反复利用，但是仍是面向应用。

第三阶段：数据库管理阶段。这一历史阶段在时间上涵盖了20世纪60年代末至今。伴随着第三次全球技术革命的兴起，数据管理规模呈现与日俱增的趋势，发展速度异常迅速，数据管理规模难以通过人工管理和文件管理的形式予以解决，数据冗余的问题日益凸显，对于数据共享需求也在不断增加，数据库管理技术就是在此背景下产生的。数据库管理技术的出现，表明数据管理已经进入了一个新的历史时期，不仅使数据和程序真正独立起来，并将数据冗余降到最低，同时，有效地达到数据共享，大大提高了数据安全性能。

（二）数据模型介绍

了解和应用数据库技术离不开数据模型，全面掌握数据模型有助于帮助深入认识数据库工作原理以及在高校图书馆中的应用过程。所谓的数据模型，是指数据库系统中用于提供信息表示和操作手段的形式构架。一般情况下，数据模型的构成分为三部分：数据构成、数据操作和数据约束条件。相应的，数据库模型在数据模型的基础上，其构成也分为三部分：层次模型、网状模型和关系模型。在数据库系统三种层次构成中最为常见的、应用最为广泛的是关系模型。下面对数据库模型构成的三个不同层次分别进行介绍。

一是数据库系统的层次模型。层次模型的本质在于采用树桩结构为基本的架构组成，通过构建树结构以及在树结构之间形成的特定逻辑关系去表示数据之间的联系。层次模型的应用范围主要体现在层次性的数据库中，且只能对数据之间的一对一或一对多的关系进行描述，但不能对多对多的数据关系进行描述。

二是数据库系统的网状模型。网状模型的实质是对外在客观环境中实体间存在的较为复杂的关系进行描述的数据模型。网状数据库模型能够克服层次模型在描述数据中的缺陷，能够实现多对多数据的描述关系。

三是数据库系统关系模型。关系模型本质上就是以二维表格方式建立起来的数据模型，通过制作一个二维表格，来描述现实客观世界实体之间的关系。从二维表格上看，每一行代表一个实体，这一行叫作记录；每列都代表实体的某一性质，这一列叫作字段。

（三）数据库管理系统

1. 数据库管理系统的概念

通常情况下，我们把数据库系统定义为由建立、管理和维护数据库的一套程序组成的非常复杂的软件系统，数据库系统具有强大的功能，是管理信息系统的最为关键、最为核心的技术支撑。

2. 数据库管理系统的主要功能

一般情况下，数据库管理系统的功能主要体现在四个方面，分别是定义数据库、管理数据库、维护数据库和数据通信。下面对数据库系统的四个方面功能进行详细介绍。

第一，对数据库功能进行了界定。在对数据库功能进行界定时，主要实现了对于数据模式、内部模式、外部模式、数据保密和数据格式的界定。在这一职能上，将所述数据库中的对象、属性和它们之间关联的自然语言含义，在计算机内部和各种模型中的描述形式之间进行了对照，将外模式的定义和描述储存于数据库中，以备参考（称为数据字典）。

第二，管理数据库的作用。在这一职能上，主要包括系统的控制与并发控制两个方面，除此之外，还包括控制数据库安全性、保密性和完整性，以及执行数据访问与更新。

第三，维护数据库。对数据库进行维护功能主要包括创建、更新、重新整理、维护和性能监视等。

第四，数据通信。承担数据传输任务，一般由操作系统协同工作，同时也包括分时系统与远程作业输入之间接口的实现。

3. 数据库管理系统的构成介绍

在前面数据库结构分析的基础上，我们了解了数据库结构原理、结构组成及每部分功能，而作为数据库管理系统来讲，其组成主要涵盖了三部分，即数据描述语言及其翻译程序、数据操纵（或查询）语言及其翻译程序、数据库管理例行程序。下面对数据库管理系统的各个构成部分进行详细介绍：

一是数据库管理系统的数据描述语言部分。该部分主要是对数据库结构以及数据库结构之间的映像进行描述。

二是数据库管理系统的数据操纵语言部分。该部分主要是向应用程序员提供在存储、检索、修改、删除数据库方面中的工具功能，数据操作语言部分又称为数据子语言。

三是数据库管理系统的数据库管理例行程序部分。数据库管理例行部分主要是对构成数据库管理系统的语言处理程序、系统运行控制程序和日常管理及服务性程序等诸多程序进行的管理。

（四）图书馆数据库的基本类型

1. 馆藏书目数据库

馆藏书目数据库，收录了中西文图书、期刊和报刊等，采用标准的MARC格式，将传统的目录卡片数字化，并进行更加详细的阐述，以揭示更全面、更深入的主题内容，便于存储和检索。这类数据库的创建和使用是图书馆采购、编目、流通等各种业务工作自动化的基础，标志着图书馆自动化的初级阶段。

2. 馆藏文献信息数据库

馆藏文献信息数据库包括图书馆自行开发的各类专业或特色文献数据库、各类媒体类型的馆藏资料和专项馆藏文献数据库等。馆藏文献信息数据库的建立，标志着图书馆自动化程度的深化和信息服务水平的提高。

3. 图书馆购进的光盘或网络数据库

图书馆购买的光盘或网络数据库主要包括录像、文摘和全文型数据库，比如，目前来看比较普及的清华同方中国期刊全文数据库、维普中西文科技期刊文摘数据库、万方数据库等。此外，还有一些从国外引进的FirstSearch、INSPEC、DIALOG等数据库等。例如，清华大学图书馆提供的Elsevier Science电子期刊，Academic Press电子期刊（IDEAL）、IEEE/IEE全文数据及Nature全文在线等中西文数丨个数据库供校园网用户使用。

4. 因特网上数据库及信息资源的利用

图书馆每天可组织专人上网查询，下载所需资料，建立数据库，成为图书馆的电子信息资源。也可以根据馆藏特点和读者需求，对网上信息资源进行筛选和加工，组织在图书馆专门的网页上，通过在互联网上形成虚拟馆藏资源，方便读者使用。此外，还可以访问在线电子期刊、电子书和全文在线数据库服务。

（五）网上中文数据库的现状

就目前而言，互联网上的中文信息正在快速增长，各种中文数据库也在快速增长。这些数据库大小不一，涵盖自然科学和社会科学，学科有大有小，大的涵盖了国家某一学科的科技成果，小的涵盖了人们的日常需求。它们的出现大部分是以摘要或题录型的形式，比较少见全文数据库。这些数据有些是免费使用的，有些则是需要付费才能获得服务的。下面进行举例介绍。

1. 中科院科学数据库

中国科学院开发的数据库是免费使用的文摘数据库，部分数据库仅限高校和中国科学院用户使用。主要可以分为专业数据库和非专业数据库，专业数据库分为 11 个数据库，包括植物、微生物、水生生物、动物物种、能源、自然资源、环境地理、天文、材料、化工、中医中药。非专业数据库分为科技文献、科技书目、科技专家、科学博览 4 个专题。其中科技文献包括 13 个数据库，即物理、生物、光学、天文、稀土、腐蚀、水土保持、化学、数学、力学、电子、地理、计算机；技术书目则是含考古学、计算机信息学、工程技术、工具书、其他文教学科书目数据库。检索方式包括中英文作者、篇名、主题词等。而命中的文献还包括中英文题名、作者、作者单位、摘要等信息，内容非常详细。

2. 万方数据资源系统

万方数据资源系统是由电子科技信息研究所（万方数据集团公司）开发，收录数据库近百个、电子科技期刊近千种、经贸信息类栏目 40 余种，也包括最新科技成果以及 50 余年来中国科学技术研究所馆藏科技文献。文献数据库包括中国学术会议论文数据库、中国科技文献数据库、中国科技论文统计与引文分析数据库、中国企业公司及新产品数据库、中国学位论文数据库等。这些数据库提供有偿服务，目前正在全国建立“万方数据服务中心”。加入中心并缴纳一定的信息资源开放费后，即可在任何时候使用和优先访问中心所有中文数据库和网络科技期刊，不限流量、时限和检索项数。不仅如此，还可以免费享受中国科学技术信息研究所收录的文献原文服务。

（六）中国数据库

中国数据库是对多个数据库的汇总，主要包括中国各种公共数据库的名称、域名和概况，用户可以点击直接链接访问。中国数据库的宗旨是组织各种地方公共数据库，一方面为电子商务提供支持，为工商企业提供服务；另一方面服务于社会生活。目标是填补中国数据库行业的空白，增加数据库在行业和行业内的覆盖范围。

（七）网上中文数据库存在的主要问题

1. 数据库集成程度方面

就目前来说，上网的数据库数量少、规模小、内容碎片化。大多数高校图书馆或信息中心只将数据库放在校园网上，并不向互联网用户开放，就算上网，网络信息系统也不过十几家，也有比较多的，如万方数据资源系统，就有 74 个库。如果用户要查找信息，必须系统地一项一项搜索，检全率和查准率都无法保证。在美国，DIALOG 联机检索系统包含 500 多个专业广泛的数据库，数据类型包括题录文献型、事实数据型及全文型，可以同时访问 60 多个数据库，并且可以将检索结果去重。如此，我们可以看出，我国网络信息系统的集成度亟待加强。

2. 检索功能及准确率有待加强

在数据库检索中，对篇名、关键词两盘的检索结果是比较吻合的，摘要检索全文盘的检索结果小于索引盘。同为摘要检索，检索结果不同，就会造成漏检。

（八）当前图书馆数据库系统管理存在的主要问题

第一，获取资源的方式不统一。

目前，图书馆在建设书目数据库和各类文献数据库时，最大的问题是数据库资源的获取方法。比如，建立馆藏中文图书回溯书目数据库可以购买国家图书馆的中国国家书目数据库，建立期刊数据库可以购买中科院文献信息中心的中西文期刊联合目录数据库。一旦这些数据库完成，新书和新刊的书目数据库是购买还是制作？怎么做？如何保证质量？这是目前很多中小型图书馆面临的问题。又如图书馆自己建立的专题数据库，仅靠图书馆馆藏的文献资料肯定是不完整的，但其余的资料如何获取呢？能否从其他图书馆或互联网上获得？知识产权是否相关？这些问题有待解决。

第二，重复建设问题严重。

在数据库建设方面，图书馆各自独立、各自为政，缺乏统一管理和协调，造成人力资源和财产的巨大浪费。最明显的体现是在各个图书馆建立了书目数据库。

此外，各个图书馆创建的专业综合数据库的内容往往也多是重复的。科技期刊全文数据库也成为今天的热门话题，国内只有维普、同方、万方这3家知名数据库厂商发布了这方面的数据库，到底选择哪一个，很多图书馆都不知如何选择。

第三，设备和资金紧张。

图书馆经费问题已经很普遍。由于数据库的种类和数量越来越多，数据库服务器的硬盘大小和存储容量逐渐成为图书馆网络管理员关心的问题。每年扩容硬盘需要数万元，对于年预算经费只有几十万元的中型图书馆来说，代价较大。资金不足带来的另一个问题是图书馆接收数据库的数量和质量得不到保证，一些中小图书馆只能购买一些书目或文摘数据库，对于全文的数据库只能购买一部分，更别说价格昂贵的国外大中型数据库了。

第四，标准化程度及质量控制有待加强。

馆藏书目数据库的规范化程度最直接的体现，就是在MARC记录的主题属性字段600～610，该字段要求严格按照中文主题词表发布主题词，但有些图书馆回溯建库过程中忽略了这一点，编目员只是根据自己的理解给出一个或数个主题词，甚至完全忽略该字段，直接影响数据库的质量。另外，由于电子书和元数据没有相关标准，多媒体信息也没有标准，所以无法控制互联网上一些数据库的标准化程度。由于图书馆数据库建设涉及数据存储和压缩、输入和输出、人机交互界面、分类、索引和检索程序等方面的技术，因此标准化程度较低。

第五，开放性程度较差。

读者在网上搜索文献资料时可能会有这样的体会，他们往往只能访问一些数据库资源，而一些有参考价值的数据库只对校园网或局域网用户开放。这表明，目前国内外的数据库的开放性确实应该加强。

二、高校图书馆数据库系统创新设计

（一）设计原则与内容

高校图书馆管理信息系统中数据库创新设计其主要的原则要按照系统分析提出的反映用户需求的逻辑方案，科学合理地将逻辑方案转换成可以实施的物理

（技术）方案。也就是说，在创新设计中高校图书馆管理信息系统的数据库设计要根据整个图书馆系统信息管理逻辑结构，本着简单性、系统性、灵活性、可靠性和经济性，对其各种现实约束和制约因素进行综合衡量，采用恰当的设计方法、运用科学的技术手段进行新方案的确定和实施。

当关系信息系统数据库设计原则确定之后，需要明确主要任务和主要内容。数据库设计的主要任务就是依据一定的模型，按照开发设计的原则，从提高整个系统运行效率、可变性、稳定性和效益性方面入手，在有效挖掘相应资源的基础上实现效益最大化。

（二）管理信息系统数据库系统设计的主要方法

通常情况下，在管理信息系统数据库设计过程中采用的主要方法有 Jackson 法、Parnas 法和结构化设计方法等。这三种方面各自具有独特的优势，在不同组织数据库开发中各自有所长。

下面对数据库系统设计的三种方法进行详细介绍。

1. 数据库系统设计的 Jackson 法

该种设计方法的实质是面向数据结构的一种数据库系统设计方法，其原理和核心是在对输入输出以及内部存储的信息数据结构进行设计的基础上，实现数据结构的描述向程序结构描述的转变。

2. 数据库系统设计的 Parnas 法

该种设计方法与 Jackson 法

有着本质上的区别，从上面的分析可以看出 Jackson 法强调的是面向数据结构的设计方法，而 Parnas 法则强调在程序结构中对数据结构予以充分反映，将可能发生变化的数据结构控制和隐蔽在一个模块的内部，与其他模块之间构不成任何关联。数据库系统设计 Parnas 法通过模块设计过程中置某种因素于某个模块内部，尽管某种因素在模块内部已经发生了变化，但是这种变化仅仅是局限在该模块内部，不会传播到其他模块内部。通过上面的介绍可以看出，数据库系统设计的 Parnas 法最大的特点在于它的信息隐蔽性。

3. 数据库系统设计的 SD 方法

该种设计方法的本质在于将结构化编程技术（SP）的思想移植到整个程序系统的模块结构设计领域。在数据库系统设计的三种方法中，SD 方法最具有普遍性，使用频次最高，有着强大的生命力。因此，SD 方法也被称为 20 世纪 60 年代末期软件领域研究的最大成果之一，是目前模块结构设计中历史最久、使用最广的一种方法。SD 方法的设计理念和主体思想在于强调将在某个整体性的呈现设计过程中，通过具有相互独立的层次关系且功能单一的诸多模块构成。也就是说，当构成整个程序的诸多模块之间存在的联系相对较弱，但是在模块内部却有着紧密的联系，而且构成程序的诸多模块之间体现出一定的层次性结构关系。SD 方法最大的特征在于，构成层次性的模块结构中，模块之间存在着明确且简单的调用关系，每个模块可以单独地被理解、编写、调试。

（三）管理信息系统数据库设计中系统功能模块创新设计介绍

按照结构化设计方法基本思路，“自上向下”把高校图书馆系统分解为几个层次式“模块”，推行模块化设计。系统设计时，其中最关键的就是模块外部属性，也就是上下级模块、同级模块间数据传递与调用关系等，而对模块内部并不值得在意，换句话说，就是只在乎它是什么、它能干什么这个问题，并不在乎怎么做。只有这样，才能使整个数据库管理系统更加紧凑合理。在设计高校图书馆设计管理信息系统数据库系统时，可根据自己目前的工作实践，采访、编目、典藏、读者管理、流通、阅览等功能可按实际要求进行设计。

（四）数据库系统运行环境的创新设计

1. 高校图书馆数据库系统运行的硬件环境设计

高校图书馆在进行硬件选择过程中，从确保系统稳定、高效、安全运行的角度出发，采用的是专用服务器。采用专用服务器的最大优势是能够实现数据库高度安全管理。当然，不同高校在硬件服务器配置和内存选择的过程中可以根据自身实际业务需要而定。高校图书馆硬件服务器全方位考虑到上网方面的问题，采用了高档微机作为 Web 服务器。高校图书馆可以根据自身经费情况和访问用户数量情况，设立工作站的形式，例如 SUN 系列。各高校图书馆在硬件设置和选择的过程中并没有统一标准，但是无论采用什么配置的硬件设备，都应当从满足自身服务、满足读者需求的角度，本着安全、稳定的原则进行选择。

2. 高校图书馆数据库系统运行的软件环境设计

高校图书馆数据库系统软件需求主要涵盖了网络操作系统、客户机操作系统和应用软件、网络防病毒软件、防黑客恶意攻击软件。软件环境设计中，高校图书馆应充分考虑到日常管理和日常使用状况，从自身现有的业务实际出发，在设计中采用了子模块独立登录或集中登录两种办法。

三、高校图书馆数据库系统管理应当予以重视的几点问题

一是实施统一入口管理，确保质量。符合条件的高校图书馆可以加入地区性的联合编目系统，也可以加入 CALIS 系统（中国高等教育文献保障系统）以共享其通用目录数据库资源。CALIS 系统以共同目录数据库和资源共享系统的建设为基础，拥有在线编目、书目资源公开查询和馆际互借三大服务子系统。当然，共享其书目文献也不是免费的，对于资金相对紧张的图书馆来说，可以另辟蹊径。

二是突出重点，突出特色。各图书馆创建的数据库应突出图书馆的特点，结合图书馆的实际情况，结合社会发展的要求，有针对性地开发文献信息资源，择优选择。未来的数据项目将面向国内有优势和发展潜力的地区。同时，各图书馆要逐步缩小所购文献资料的学科覆盖面，增加专业深度，通过网络实现全国资源共享。

三是拓宽财路，多方筹集。图书馆必须想方设法筹集资金，不能用有限的资金进行最简单的业务运营。建库要注意数据库的经济效益，高质量的数据库不可能“以库养库”，更不能“以库养馆”。

四是制定标准，并严格执行。现阶段，技术标准在一定程度上已经成为国家主权的延伸。在我国，文献分类和信息描述的标准日趋完善。

五是加强开放，共建共享。随着互联网的发展科学技术的进步，数字图书馆时代已经来临，面对这样的背景，数字图书馆时代的数据库系统是一个集成各种信息资源和工具的大型系统，系统的开放性是成功的前提。一个开放的数据库必须是统一的，并服从于共同的协议；应无固定中心，呈分布式的；内容必须是公

开的；是可扩展的和简单的。因此，在统一领导和协调下，图书馆界和科技界共同努力，克服各自为政，加强协作协调，将图书馆的文献信息资源（特别是特色资源）数字化，然后再放到网上供用户使用，从而真正做到数据库的协同共建共享，同时也提高了数据库的开放性。

第六章　高校图书馆管理模式的创新

进入21世纪以来，随着科学技术的迅猛发展，影响成功的因素越来越多，比如时间、速度、效率等，人们迫切希望用较短的时间获取有价值的信息，在浩瀚的信息资源海洋中攫取到有用的知识资源。高校图书馆蕴含着大量的知识资源，馆藏的图书丰富多样，为高校学生获取知识资料提供了便利条件。一些高校图书馆历史悠久，馆藏量和电子信息量达到了惊人的规模。知识资源有着十分重要的价值，在收藏和保存的基础上要加大力度进行研究、开发和利用，推动科学技术的发展以及人类社会的进步。基于此，高校图书馆应改革和创新图书馆资源管理方式，进一步拓展图书馆资源的适用范围。本章为高校图书馆管理模式的创新，主要介绍了高校图书馆创新管理模式的思考、信息时代高校图书馆管理模式的创新两方面内容。

第一节　高校图书馆创新管理模式的思考

随着社会经济发展，人们对自身的精神文化也愈加重视，图书馆在学生文化生活中所占的位置愈加重要，也是校园教育的重要组成部分。所以，在新的时代，做好图书馆管理创新是非常必要的。

一、图书馆创新的意义

（一）图书馆创新现状

图书馆是公共服务的重要组成部分。在新的经济形势和社会背景下，图书馆充分发挥自身优势，不断创新图书馆管理机制，是帮助图书馆进步和发展的重要问题。

随着经济的发展，社会的进步，人们的生活水平不断得到改善，在满足物质需求的基础上，人们对精神文化和知识的需求不断增长，这在一定程度也有利于图书馆的发展。但与此同时，图书馆的发展也面临着严峻的挑战，科学技术的发展速度是非常快的，这也推动了互联网技术的发展，信息化技术应用越来越普及，对图书馆提出了较高的要求，图书馆应改革传统的管理模式，充分参考读者的需求，使图书馆为读者提供的服务更具针对性，积极发挥图书馆的功能，使图书馆的效用得到最大程度的展现。

现阶段，我国图书馆管理工作在很多方面还存在着不足，具体来讲就是管理观念比较落后，管理机制比较传统，管理人员的素质水平普遍不高等，这些因素都制约了图书馆的发展，使得图书馆馆藏资源的使用价值难以得到最大程度的发挥。目前我国图书馆为读者提供的阅读方式比较单一，在服务过程中缺乏一定的人性化，阻碍了图书馆的可持续发展，这就必须准确把握图书馆管理的基本要求，结合实际情况对图书馆管理模式进行创新，使图书馆管理水平得到有效提高[①]。

（二）图书馆创新意义所在

对于民族和国家来说，创新是发展的关键力量。对于图书馆来说，创新管理是图书馆改革发展的内在需求。图书馆管理人员必须更新自身的管理意识，将改革和创新融入图书馆各项工作中，使图书馆在新的形势下具备更强的生存和发展的能力。图书馆只有不断完善自身的管理机制，才能够适应现代社会发展需求。当今时代是知识经济时代，管理创新是十分必要的，这是因为新时代的人们获取知识的途径是多种多样的，要想获得自己所需要的知识，不一定非要去图书馆。所以对于图书馆来说，改变传统的管理制度、创新管理理念是非常有必要的，这样才能为读者提供优质的服务，满足读者的信息资源需求。

① 曹瑞东．高校图书馆创新服务研究 [J]. 产业与科技论坛，2018（5）：12-23.

二、目前图书馆管理存在的主要问题

（一）图书馆管理创新意识较差

当今时代，社会经济发展较为迅速，信息技术不断更新换代，使得图书馆本身的信息环境和社会功能发生了一定的变化，图书馆作为信息提供者的地位越来越弱化。互联网的发展使得人们获取信息的途径越来越多种多样，获取信息的速度也越来越快捷，这给图书馆的发展带来了一定程度的挑战。但是现阶段，大量的图书馆管理人员并没有意识到危机的严重性，在管理过程中缺乏创新意识，没有重视管理创新，这不利于图书馆的长远发展。

（二）图书馆高素质管理人才比较少

人才是图书馆创新发展的基础。图书馆要想满足人们的实际需要，需要不同学科的专业人才相互合作、相互配合才能实现。现实情况是，从事图书馆管理的专业人才的数量比较少，尤其缺乏综合型人才，这给图书馆创新带来了不利的影响①。很多的图书馆缺少高素质的工作人员，阻碍了图书馆的长远发展。

三、当代图书馆管理的基本要求

（一）图书馆馆藏资源的充分利用

高校图书馆的馆藏资源丰富多样、内容充实，不仅囊括了现代的社科类图书，还囊括了大量的历史档案，甚至还包括很多珍贵的古籍资源。传统的图书馆管理方式比较落后，在图书登记、图书借阅、图书查询及图书保管等各方面主要采用人工模式，这种管理方式存在很大的弊端，不利于各类图书资源的有效流通，使得图书资源的利用价值难以得到有效发挥。基于此，改革传统的图书馆管理模式，提升图书馆的信息化水平是非常有必要的。需要充分利用现代化技术，编码处理所有纸质的图书资源，将计算机网络系统应用于图书馆管理工作中，为读者提供在线借阅服务，使图书资源的利用率得到大大提升，减少人们查阅图书资源的时

① 刘斌．高校图书馆服务管理创新策略研究［J］．才智，2005（8）：12-17.

间，为读者提供更加快速、便捷的图书服务。

（二）读者阅读方式的多样性

随着科学技术的快速发展，电子信息技术越来越普及，深入人们工作和学习的方方面面，改变了人们的阅读习惯。人们越来越习惯使用平板电脑、智能手机等网络终端，使人们的阅读形式发生了很大的改变，不再拘泥于传统的固定地点的借阅方式，读者的借阅形式丰富多样，读者获取信息的渠道越来越广泛。借助电子信息技术，读者能够利用网络平台的检索功能直接下载某个章节进行阅读，这种借阅方式有着非常积极的影响，有助于提升读者的阅读效率，也能突破传统阅读方式的束缚，读者可以根据自身需求选择想看的图书进行借阅，图书馆和读者之间形成良性的循环。

（三）图书馆服务模式的人性化

现阶段，高校图书馆在服务过程中坚持以人为本的理念，坚持以读者为中心，在推动图书馆稳定发展的基础上满足读者多样化的需求，尽最大可能充分利用图书馆的信息资源。这就对图书馆的工作人员提出了更高的要求，工作人员应把握社会发展的需求，在图书馆管理过程中充分利用现代化技术，加强图书馆资源的数字化建设，进一步提升图书资源的检索效率，节约读者检索图书的时间，这样才能够为读者提供高效、便捷的信息服务。建设数字化图书馆有着十分重要的意义，不仅能够满足不同读者的阅读需求，还能为读者续借图书提供便利，利用数字化图书馆就可以进行续借服务，在一定程度上体现了人文关怀，有助于加强图书馆与读者的互动。

四、创新图书馆管理的策略

（一）重视图书馆管理理念的创新

在图书馆管理的过程中，需要转变传统的管理理念，传统的管理重视收藏，忽视了使用。图书馆管理人员应该认识到图书馆不仅是收藏书籍的地方，图书馆的业务不应局限于借书和还书，还要为人们提供信息和知识服务，促进社会进步和科技发展。为了实现这一目标，管理人员应在服务和技术等方面来创新管理图书馆，密切图书馆与社会各个行业之间的联系，这样才能够实现资源共享和优势互补，进一步完善学科知识和信息方面的储备，为读者提供良好的服务。

（二）把握正确的创新原则

图书馆要想创新发展，管理人员必须具备较高的素质，深入研究图书馆的基本情况，在此基础上综合把握图书馆的创新，把握正确的创新原则，建立科学合理的图书馆创新管理模式。第一，图书馆在管理模式的创新过程中坚持实效性原则，充分分析图书馆管理的具体要求，在此基础上选择科学的创新手段，进一步提升图书馆创新管理的质量。第二，图书馆在管理模式的创新过程中坚持针对性原则，了解图书馆的作用与功能，并将图书馆的作用与功能充分发挥出来，具体分析读者的实际需求，为读者提供高效、全面、优质的服务，使图书馆创新管理模式取得明显的效果。第三，图书馆在管理模式的创新过程中坚持全面性原则，一方面，要创新图书馆的管理模式；另一方面，要将图书馆的管理模式与管理制度相结合，在一定程度上保障图书馆创新管理模式的整体效果。

（三）重视图书馆服务功能的增强

以读者为中心，坚持以人为本的原则是图书馆管理过程中非常重要的原则，这就要求管理人员在开展工作时多听取读者的意见，进一步完善图书馆管理工作，在文献检索和文献信息处理方面不断创新，推动图书馆网络化、自动化的发展，提升服务质量。

（四）提高管理人员本身的素养

一般来说，图书馆管理人员的素质起着举足轻重的作用，有效提升图书馆管理人员的综合素质是非常有必要的事情。首先，需要进一步拓展管理人员的业务范围，根据网络信息服务的方式转变服务模式，缩短读者检索信息资源的时间。其次，管理人员需要转变服务理念，进一步提升图书馆服务的质量，提高服务的效率，只有提高了质量和效率，才能为图书馆管理机制改革创造良好的条件。

（五）管理方式的创新

随着信息技术的发展，高校学生对信息资料的需求发生了一定的变化，需求越来越多元化，体现了个性化的特点。在图书馆管理过程中，管理人员要坚持以读者为中心，尊重读者的个体差异，为读者提供多元化和个性化的信息服务，进一步提升图书馆管理质量。管理人员在进行图书馆管理工作的时候应积极使用信息技术，采用先进的检索方法，加强图书馆信息化建设，这样为读者提供的服务才能更加便捷、高效，图书馆管理工作也才能取得良好的效果。首先，针对图书馆工作人员，要加强对他们进行技能培训和思想教育，增强图书馆工作人员为读者服务的意识，使图书馆工作人员能够真正了解读者的实际需求，为读者提供个性化的信息服务。其次，要积极开拓个性化服务，进一步增强图书馆信息服务的针对性。创新图书馆服务方式，还需要跟踪和分析图书馆的信息需求，为读者提供个性化的服务。

（六）管理内容的创新

传统的高校图书馆管理过程存在着一定的局限性，服务内容比较有限，难以真正满足读者的个性需求，这就要求图书馆创新管理内容，充分发挥图书馆的功能和效用。首先，及时优化图书馆的线型业务流程，创新图书馆的服务方式，使其向自动化、网络化方向发展，进一步提升图书馆的服务质量。与此同时，图书馆要积极丰富网络平台的主页内容，在分析读者实际需求的基础上创建个性化的服务栏目，提升向读者传递图书资源的效率，还可以开通在线预约、定题服务，也可以提供馆际互借等服务。其次，图书馆要加强开发和利用图书资源，建立具有馆藏特色的数据库，从更深层次来加工和处理图书资源，进一步提升图书馆信息服务的水平。最后，图书馆应积极完善管理制度，建立健全绩效考核制度，完善图书馆激励机制，最大程度地调动工作人员的积极性，使工作人员积极主动地投入为读者服务中。

（七）组织结构的创新

为了更好地推进高校图书馆的管理工作，图书馆应当创新组织结构，转变传统的被动式服务模式，摒弃以往的金字塔管理模式，使图书馆的组织层次更加科学合理，简化组织结构中复杂环节，进一步提升图书馆的决策效率，有效提升图书馆的服务质量。按照图书馆的规模以及读者的需求，建立相关的基础服务机构，主要包括读者读物部、信息服务部等，改革图书馆的组织结构，使其具备典型的扁平化特点，进一步提升图书馆的工作效率。

除此之外，还要进一步完善图书馆的服务体系，适当拓展主题目录，将计算机索引技术应用于服务体系中，做好藏书目录的编制工作，可以单独设置社会学科、专题学科及各类联合书目，这样能够进一步完善系统索引目录，使之更加完整，便于读者更加有效地查阅图书，给读者带来良好的阅读体验。高校图书馆应做好管理创新工作，为读者提供优质的信息服务，提高工作人员的综合素质。

第二节　信息时代高校图书馆管理模式的创新

信息技术的高速发展给高校图书馆带来了一定的挑战，迫使图书馆在硬件设置、人员配置、资源优化和馆藏提升等方面要作出相应的改变。为了更好地应对挑战，高校图书馆需要创新发展思路，优化图书馆管理模式，摆脱传统管理模式的束缚，充分分析高校图书馆转型新特点。因此，基于信息时代高校图书馆管理模式的创新优化研究具有必要性。

一、信息时代高校图书馆的新特征

（一）文献激增，信息获取渠道更多

随着科学技术的迅猛发展，信息传播越来越快速，传播信息的渠道越来越多样化，使得信息量越来越大。在信息技术的辅助下，高校图书馆获取信息的渠道越来越多元，现如今，高校图书馆的馆藏资源越来越丰富。信息技术的发展使得

馆藏信息资源存储模式发生了一定的改变，在很小的文献数据库中可以存储大量的文献，在信息技术的辅助下，高校图书馆可以建立光盘数据管理系统，将馆藏的纸质文献资源转变为电子文献资源，如此一来，可以为读者提供便捷、高效的信息咨询服务。信息化读取、多渠道信息获取带来了一定的积极影响，加快了文献信息和科学知识的传播。高校图书馆内便捷的文献信息资源交流更有利于吸引读者。

（二）载体多元，信息检索效率更高

传统的高校图书馆文献信息的存储形式是纸质文献期刊形式，形成的信息载体是比较单一的。读者在检索信息的过程中受到的限制比较多，比如容易受时间和空间的限制，使得消息管理的效率不高。当今时代已经发展成为信息时代，对于高校图书馆来说，其馆藏资源载体类型是丰富多样的，比如网盘、移动硬盘、网络数据库等，使高校图书馆信息载体呈现多元化特点。多元化的信息载体为高校师生检索信息资源提供了便利，有助于师生在网络信息技术的帮助下快速地获取自己想要的文献资料，使文献资料的价值得以发挥和利用。

（三）传播共享，信息资源交流深入

信息时代为信息的传播和复制创造了便利的条件，加快了高校图书馆信息资源的共享速度。在以往，在高校图书馆内，纸质文献的数量不是太多，高校师生要想检索相同的文献资料，必然会出现一定的矛盾。在信息时代背景下，高校图书馆加强了信息化建设，使得纸质文献转化为电子文献，如此一来，多人能够同时检索文献资料，也便于复制文献资料，有助于满足信息资源多人使用的诉求。信息共享对于高校图书馆来说有着十分重要的意义，有助于促进信息资源的传播，加快优势资源在区域间的流动，也有助于高校图书馆建立数据交流联盟，以便为读者提供更加优质的服务，从而使高校图书馆信息资源共享程度明显提升①。

---

① 赵勇．信息化背景下高校图书馆管理模式的创新［J］．办公室业务，2018（7）：11-15.

二、信息时代高校图书馆管理模式创新策略

（一）基于信息时代背景创新图书馆管理理念

在传统的图书馆管理中，居于第一位的是保存和丰富馆藏资源，没有注重读者的需求，将读者放在了次要的位置，由此导致读者的多元化诉求没有得到应有的关注，没有充分发挥图书的价值。在信息时代背景下，高校图书馆管理应坚持以人为本的原则，注重与读者进行沟通，关注读者的诉求，创新管理理念，图书馆建设发展的重点就是为读者服务，要将读者的需求放在首位，推动了高校图书馆开展精细化管理。为读者提供安静优美的阅读环境，优质、便捷的信息服务，引导读者喜欢阅读、热爱阅读。

高校图书馆要创新管理理念，加强图书馆多元化建设，进一步拓展图书馆的功能，加强与读者的沟通交流，优化高校图书馆的管理，提升图书馆服务水平。

（二）基于信息时代背景坚持信息一体化管理模式

在信息时代，信息技术应用越来越普及，渗透于各行各业中，在一定程度上促进了高校图书馆信息管理一体化。与此同时，也给高校图书馆的建设与管理带来了新的挑战，提出了更高的要求。在信息时代，高校图书馆管理模式创新的重要体现就是信息一体化的管理模式。对于高校图书馆来说，文献组织结构的变革和图书馆管理制度的优化都要符合图书馆文献管理的新需求。信息时代的信息传播非常快速，读者希望信息检索更加便捷和高效，从而缩短信息检索的时间。所谓的信息一体化就是在图书馆的管理工作中融入信息技术的新特点，这对高校图书馆工作人员提出了更高的要求，要求工作人员具备文献信息创新意识，熟练掌握信息检索服务功能，能够筛选、整合和汇总图书馆文献资源，为读者提供更加优质的服务。

（三）基于信息时代背景引入自动化的管理模式

信息时代，自动化成为突出的特点，管理模式也具有典型的自动化特点。高校图书馆应用计算机技术可以建构自动化管理体系，在管理各项事务时可以更加

便捷、高效，有助于达成各种各样的管理任务。对于高校师生来说，也能够获得自动化、智能化的图书馆服务。自动化管理有着非常明显的优势，读者可以根据自己所需要的图书进行自助检索，相当于实现了电子化文献数据管理，在很大程度上提升了检索效率。自动化管理模式是非常先进的，将馆藏文献作电子化处理，读者能够在很短的时间内找到自己想要的信息。另外，自动化管理模式还能满足不同读者的实际需求，使不同层次的读者都能获得相应的信息服务。在信息时代的大背景下，高校图书馆管理人员应该充分分析社会的需求，将自动化管理的优势发挥出来，将期刊文献也纳入自动化管理范围内，这样能够准确找到期刊资料所在的位置，也能准确了解读者的需求，为读者提供更具针对性的服务，使高校图书馆能够提升服务效率。

（四）基于信息时代背景引入共建共享的管理模式

信息时代，资源共建共享也是其主要特点，图书馆建设发展离不开馆藏资源的建设，因此在信息时代，高校图书馆必须走共建共享之路。高校图书馆可以构建共享化管理模式，建立共享期刊阅览室。高校图书馆在管理期刊时，可以创新管理方法，积极使用先进的网络技术创建网络共享服务平台，逐步完善共享期刊阅览室的整体框架。在高校图书馆中，应用共享化的管理模式是非常有必要的，有助于推进高校图书馆信息化建设的进程。图书馆在实际的管理服务中应充分利用信息技术，尽可能地缩短高校师生查阅信息资料的时间。对于不同高校的图书馆来说，在共享化的管理模式基础上，可以共享馆藏资源，不同的图书馆所拥有的特色馆藏资源也是不同的，通过共享可以为高校师生提供更为丰富的信息资源。

（五）基于信息时代背景创新图书馆服务模式

高校教师和学生是高校图书馆的服务对象，图书馆对高校师生来说有着十分重要的意义，高校图书馆能够为高校师生提供科研和教学支持，高校图书馆创新管理模式必然会推动服务模式的创新。现代图书馆管理发展的重要路径就是在发展过程中积极使用科学技术，注重对云计算技术的应用，积极开发图书云平台，这也是图书馆管理发展的主要趋势。在信息时代背景下，高校图书馆必须作出一定的改革，摒弃落后的管理模式，进一步提升服务质量。高校教师在检索文献和阅读文献的过程中，需要筛选大量的资料，搜集各种类型的学术信息资源，为教学和科研做好准备工作，在准备完备的基础上深入探讨和研究课题，以便顺利解决学术疑难问题。高校学生在开展自主学习的过程中也需要大量的文献信息资源，这就要求高校图书馆做好针对性研究工作，充分利用信息技术拓宽文献检索知识的渠道，为高校师生提供更多的检索方法。

参考文献

[1] 林杏 . 新形势下高校图书馆管理与服务创新研究 [J]. 文化产业，2022（25）：91-93.

[2] 刘华 . 高校图书馆管理创新策略 [J]. 国际公关，2022（15）：92-94.

[3] 宋斌琴 . 高校图书馆管理创新策略探究 [J]. 文化产业，2022（17）：111-113.

[4] 程倩倩 . 知识管理与高校图书馆服务创新的探讨 [J]. 科技资讯，2022，20（7）：216-218.

[5] 都宜 . 网络环境下高校图书馆管理模式创新研究 [J]. 造纸装备及材料，2021，50（9）：77-79.

[6] 张峰 . 人本管理思想在高校图书馆管理中的实践思考 [J]. 传媒论坛，2021，4（13）：143-144.

[7] 周妍君 . 以人为本理念下高校图书馆管理创新探讨 [J]. 兰台内外，2021（5）：61-63.

[8] 王丽萍 . 人本管理思想在高校图书馆管理创新中的应用 [J]. 传播与版权，2020（9）：117-119.

[9] 刘瑞琨，马燕，王贤云 . 现代图书馆管理与阅读推广服务 [M]. 银川：宁夏人民出版社，2020.

[10] 兰继红 . 高校图书馆文献管理的对策思考 [J]. 产业与科技论坛，2020，19（13）：275-276.

[11] 邵媛媛 . 高校图书馆的服务创新研究 [D]. 昆明：昆明理工大学，2020.

[12] 王晓燮 . 信息时代高校图书馆管理模式创新研究 [J]. 中国管理信息化，2020，23（8）：194-195.

[13] 管蕾 . 信息化时代高校图书馆管理模式探究 [J]. 智库时代，2020（15）：65-

66.

[14] 李理 . 基于网络环境下高校图书馆管理创新 [J]. 老字号品牌营销，2020（4）：36-37.

[15] 乔拉 · 乔小燕 . 新媒体环境下高校图书馆管理创新的探析 [J]. 内蒙古科技与经济，2020（6）：160-161.

[16] 张怡 . 以人为本理念下的高校图书馆管理创新 [J]. 教育观察，2020，9（1）：38-39+111.

[17] 刘鹏 . 人本管理思想在高校图书馆管理创新中的应用 [J]. 辽宁高职学报，2019，21（10）：104-107.

[18] 刘建华 . 新技术环境高校图书馆组织管理体系优化研究 [D]. 兰州：兰州交通大学，2019.

[19] 王菲 . 网络时代高校图书馆服务与管理的创新探究 [J]. 赤峰学院学报（自然科学版），2019，35（7）：120-122.

[20] 孙洁 . 高校图书馆的阅读服务现状与创新对策研究 [D]. 扬州：扬州大学，2019.

[21] 郑丽央 . 美国高校图书馆数字学术服务及启示 [D]. 福州：福建师范大学，2019.

[22] 郭成 . 高校图书馆管理创新研究 [J]. 科技创新导报，2018，15（35）：142+144.

[23] 曹彩霞 . “互联网 +” 时代高校图书馆管理创新研究 [J]. 长江丛刊,2018（22）：225-226.

[24] 刘艳红 . 图书馆创新服务：理论与案例 [M]. 兰州：甘肃人民出版社，2018.

[25] 李晓翔 . 数字背景下高校图书馆管理创新的思考 [J]. 学园，2018（7）：13+15.

[26] 王扬 . 关于国内高校图书馆的管理创新研究 [J]. 艺术品鉴，2017（10）：445.

[27] 秦东方，陆晓曦 .21 世纪我国高校图书馆人力资源管理研究述评 [J]. 大学图书馆学报，2017，35（5）：24-30+23.

[28] 梁丰平 . 数字背景下高校图书馆管理创新的几点思考 [J]. 吕梁教育学院学报，2017，34（2）：47-48.

[29] 赵研科 . 论高校图书馆知识管理创新 [J]. 创新与创业教育，2016，7（3）：140-145.

[30] 韩丽 . 高校图书馆学科化服务的实践发展 [M]. 昆明：云南大学出版社，2014.